KB234926

김기철 氏는 왜 요절했나?

―한 집념의 檢事가 만든 地獄圖―

조갑제닷컴

집념의 檢事가 파괴한 인간 존엄성

대한민국은 人權(인권)을 소중하게 여기는 정도가 아니라 '人權존중'을 至高至善(지고지선)의 가치이자 국가의 존립목적으로 생각하도록 설계된 나라이다. 韓民族(한민족)이, 나라를 세우고, 지키고, 키우고, 가꾸어온 지난 60여 년간 이룩한 가장 위대한 업적은 人權을 우리의 삶을 지배하는 가장 중요한 행동윤리로 정착시켜 인간답게 살 수 있는 공동체를 건설한 점일 것이다.

人權의 핵심은 개인 생명의 존귀함에 대한 省察(성찰)이다. 집단의 권리가 아니다. 인간 생명 하나하나가 무엇과도 바꿀 수 없는 가치를 지닌 존재라는 인식이 한국인의 보편적 사상으로 자리 잡은 것이다. 19세기 말 開化期(개화기)에서 시작된 자유민주주의 사상의 발전과 실천과정은 서구 文明(문명) 및 기독교 정신과 이어진다. 네 개의 문장이 떠오른다.

※토마스 제퍼슨이 기초한 1776년 미국 독립선언서의 한 구절: 〈우리는 다음과 같은 진실들은 누구도 부정할 수 없는 神聖(신성)한 것으로 간주한다. 즉, 모든 인간은 평등하고 자유롭게 창조되었으며, 그런 평등한 창조로부터 빼앗길 수 없는 고유한 권리를 받았는데 생명의 保全(보전)과 자유, 그리고 행복을 추구할 권리가 거기에 속한다〉

※1904년 李承晩(이승만)이 獄中(옥중)에서 쓴 《독립정신》의 한 문장: 〈부디 깊이 생각하고, 고집부리지 말고, 모든 사람들이 힘껏 일하고 공부하여 성공할 수 있도록 자유의 길을 열어 놓아야 한다. 그렇게 하면 사람들에게 스스로 活力(활력)이 생기고, 관습이 빠르게 변하여 나라 전체에도 活力이 생겨서 몇 십 년 후에 부유하고 강력한 나라가 될 것이다. 그러므로 자유를 존중하는 것은 나라를 세우는 根本(근본)이다〉

※崔南善(최남선)이 기초한 1919년 3·1 독립선언서의 한 문장: 〈우리가 본디 타고난 自由權(자유권)을 지켜 풍성한 삶의 즐거움을 마음껏 누릴 것이며, 우리가 넉넉히 지닌바 독창적 능력을 발휘하여 봄기운이 가득한 온 누리에 겨레의 뛰어남을 꽃 피우리라〉

※대한민국 헌법 제10조: 〈모든 국민은 인간으로서의 존엄과 가치를 가지며, 행복을 추구할 권리를 가진다. 국가는 개인

이 가지는 불가침의 기본적 人權을 확인하고 이를 보장할 의무를 진다〉

위의 역사적 文書(문서)는 인간 생명의 존엄성과 인간의 기본권을 규정하고 있다는 데 공통점이 있을 뿐 아니라 서로 연관되어 있다. 토마스 제퍼슨은 그 짧은 문장에서 인간의 기본권을 생존권, 평등권, 자유권, 행복추구권으로 정리하였다. 국가도 개인의 이런 기본권을 침해할 수 없다고 못 박았다. 이것이 자유민주주의의 핵심이고 人權의 바탕이 되는 人間觀(인간관)이다.

미국 독립선언서의 이런 思想(사상)은 그 뒤 後發(후발)국가가 민주주의를 건설할 때 지표가 되었다. 19세기말 시작된 한국의 開化운동은 미국과 기독교의 영향을 받아 자유민주주의를 理想(이상)으로 삼게 된다. 그 理想을 가장 논리적으로 정리하고 가장 줄기차게 실천하였던 이가 李承晩이었다. 그가 온몸으로 밀어붙였던 인간해방은 韓日合倂(한일합병)으로 좌절되었으나 그 불씨는 이어졌고 3·1 독립선언서로 재확인되었으며 드디어 대한민국 헌법에 자리 잡아 오늘의 민족공동체를 이끄는 가장 중요한 가치관이 되었다. 李 박사는 자유가 인간의 삶을 풍성하고 활기차게 함으로써 富國强兵(부국강병)을 이룰 수 있다고 본 점에서 탁월하다. 자유의 무한한 생산성을 확인한 분이다.

지난 150년간의 東北亞(동북아)는 자유의 대행진이 이뤄진 무대였으나 이 역사적 大勢(대세)에서 빠져버린 게 북한이었다. 북한은 인간생명의 신성함, 人權의 존중, 자유-평등-행복의 세계에서 제외됨으로써 지옥으로 변해버렸다. 북한에 비교하면 한국은 천국이다.

위의 4大 문서에 등장하는 키워드는 자유, 생명, 평등, 존엄, 행복, 풍요, 삶의 즐거움 등등 희망적이고 낙관적이다. 자유민주주의는 삶을 긍정한다. 인간으로 태어나면 행복해질 권리와 의무가 있다고 가르친다. 오늘날 한국인으로 태어나면 불행해질 자격이 없는 것이다.

우리가 누리는 人權은 공짜로 주어진 게 아니다. 韓民族(한민족)이 쟁취한 것이다. 李承晩, 朴正熙(박정희) 같은 위대한 혁명가는 봉건적 잔재 및 공산주의와 싸우면서 자유민주체제가 작동할 수 있는 조건들을 만들어낸 분이다. 학생, 지식인, 종교인, 야당세력은 권위주의 정부의 온건한 기본권 제약까지도 '독재'라고 규정, 반대투쟁을 벌임으로써 人權의 절대적 소중함을 강조하였다. 이런 흐름 속에서 1971년부터 40년 이상 기자생활을 하고 있는 나는 1990년 무렵까지 고문 및 誤判(오판)과 관련된 기사와 책들을 많이 썼다. 이 기간에 이런 종류의 글을 가장 많이 쓴 기자가 아닌가 생각된다. 자연히 형사, 검사, 정보부 직원, 판사들을 비판적으로 다룬 경우가 많았다.

나는, 2009년 12월 하순에 서울고등법원에서 있었던 李穗根(이수근) 간첩 사건 再審(재심) 재판에 증인으로 나간 일이 있었다. 1967년에 판문점을 통하여 脫北(탈북)했던 북한 중앙통신 부사장 李穗根은 정보부의 감시와 압박을 견디지 못하였다. 그는 1969년 중립국에 가서 살려고 위조여권을 만들어 홍콩으로 출국하였다가 붙들려왔다. 金炯旭(김형욱) 정보부장은 책임을 회피하려고 李穗根을 위장 귀순한 북한간첩으로 몰아 사형시켰다. 나는 1989년 3월호 〈月刊朝鮮〉에 '李穗根은 간첩이 아니었다'는 기사를 썼다. 이 글이 계기가 되어 再審(재심)이 이뤄진 것이다.

나에 대한 증인 신문이 진행되기 전 50代의 재판장이 "증인은 《오휘웅 이야기》라는 책을 쓴 적이 있지요?"라고 물었다. 1986년에 쓴 책인데 살인 사건에 대한 誤判(오판)을 다룬 것이다. 이 책은 판사들에게 많이 읽혔다. 재판장도 책을 읽었다면서 그 내용과 관련하여 몇 마디 우호적인 대화가 오고갔다[이수근은 再審(재심)에서 무죄가 확정되었다].

1980년대에 내가 많이 썼던 고문과 오판 관련 글을 읽은 이들 가운데는 요사이 진보라고 불리는 이들도 많다. 가끔 "그때의 조갑제는 좋은 기자였는데…"라고 아쉬워하는 글들이 보인다.

인권에 대한 나의 관심은 1988년 盧泰愚(노태우) 정부가 등장한 이후 방향이 바뀌었다. 민주화의 진전과 함께 고문과 오판의 소지도 많이 줄었다. 남쪽의 인권문제에 관심을 쏟는 사이 놓쳤던 북한의 인권문제가 視野(시야)에 들어오기 시작하였다. 1989년 대한항공기 폭파사건의 金賢姬(김현희) 씨를 만나 인터뷰한 것이 좋은 계기가 되었다. 내가 편집장으로 있던 〈月刊朝鮮〉은 북한인권 문제 보도를 先導(선도)하였다. 그 공으로 1994년도 관훈언론상도 받았다.

한국은 개인의 생명을 국가보다 더 소중하게 여기는 체제이고, 북한은 인민들이 김정일을 결사옹위하기 위한 '총폭탄'이 되어야 하는 체제이다. 남북의 차이는 인간과 폭탄의 차이이다. 4·19 義擧(의거)와 6·29 민주화 선언을 낳은 가장 큰 계기는 두 학생의 희생이었다. 최루탄을 머리에 맞고 죽은 김주열 군의 屍身(시신) 사진과 경찰의 고문으로 죽은 박종철 사건이 국민들의 義憤心(의분심)을 폭발시킨 것이다. 한국은 한 사람의 생명이 역사를 바꾸고, 북한은 300만이 굶어죽어도 역사도, 정권도 바뀌지 않는다.

한국의 민주화 운동가들이 계급적 세계관에 사로잡혀 북한 정권의 인간말살을 외면한 것은 自我(자아)부정으로서 민주화 운동의 진정성까지 의심하게 만든다.

한국에서 人權이 이 정도로 확보되는 데 결정적 기여를 한 것은 언론자유이다. 언론자유는 모든 자유의 어머니이다. 나는 자신 있게 주장한다. 역대 정권이 언론자유를 제약한 적은 있지만 말살할 적은 없다고. 언론자유가 가장 심하게 제약되었던 維新(유신)시대(1972~1979년)에도 대통령과 군대와 정보부를 제외하곤 聖域(성역)이 없었다. 언론자유가 고문과 조작과 오판을 줄였다. 이 언론자유가 휴전선을 넘어 북한으로 들어간다면 노동당 정권은 무너질 것이다.

30년 전에 월간 〈마당〉에 연재하였던 '김근하 군 살해 사건의 입체 연구'를 정리하여 책으로 내는 것은 새삼스럽게 고문과 조작과 오판 풍토를 고발하기 위함이 아니다. 이 글에서 지적하고 폭로한 문제점들은 그 사이 상당히 개선되었다. 민주화의 과정 속에서. '상당히'라고 조건을 다는 것은 요사이도 검찰 조사를 받고 나온 사람들이 자살을 하였다는 뉴스가 이어지고 있다는 데서도 알 수 있듯이 검찰의 수사권 독점에 대한 견제가 충분하지 않다는 느낌이 들기 때문이다.

이 책은 한 집념의 검사가 만든 地獄圖(지옥도)이다. 확신에 찬 수사는 수많은 反證(반증)들을 밀어내고, 무지막지한 고문으로 무고한 '眞犯(진범)'들을 만들어간다. 기자들이 이런 검사를 응원한다. 누명 쓴 이들이, 좋은 변호사와 좋은 판사를 만나 무죄로 풀려나도 의혹의 視線(시선)은 평생을 따라다닌다. 고문 후유증으로 일찍 죽은 김기철 씨는 검사의 야망에 걸려 삶을 망친 여러 사람들 중 한 명이다. 검사, 판사, 기자가 오판했음을 알았을 때 즉시 바로잡으면 피해가 복구되지만 미련을 버리지 못하고, 또는 체면 때문에 밀어붙이면 뜨개질을 할 때 한 코를 꿰지 않고 끝까지 가는 것과 같은 결과를 빚고 만다. 이 결과라는 것이 人生(인생)파멸이다. 法집행자의 자기합리화나 변명, 또는 은폐는 他人(타인)의 행복을 앗아간다. 國法(국법)은 인간 존엄성의 구현을 목표로 하는데, 헛된 명예욕에 이용당하면 인간 파멸의 실천도구로 돌변하는 것이다.

이 책에 실린 글은 1987년 한길사에서 나온 《고문과 조작의 기술자들》에 포함되었던 적이 있다. 다른 고문사례와 함께 소개되었기 때문에 제대로 읽히지 못하였다고 아까워하다가 이번에 단행본으로 내게 되었다.

2011년 10월 趙甲濟

차례

머리글 집념의 檢事가 파괴한 인간 존엄성 6

1장 恨을 품고 죽다 15

2장 인형극: 연출가와 꼭두각시와 구경꾼들 71

3장 하느님은 아신다, 그러나 기다리신다 127

4장 공소시효 끝나다 191

1장
恨을 품고 죽다

이 사건은 1982년 10월17일에 공소시효(살인은 15년)가 끝남으로써 이제는 범인을 붙들어도 처벌할 수가 없게 되었다. 경찰과 검찰과 법원과 언론이 고문과 조작과 誤判(오판)과 誤報(오보)로써 무고한 사람들을 고생시키는 틈을 타서 범인은 면죄부를 받고만 것이다. 힘없는 서민들이 경찰·검찰·법원·언론의 총공세에 직면할 때 얼마나 비참하게 되는가를 이 사건은 똑똑하게 보여주고 있다. 고문후유증으로 40대에 요절한 김기철 씨는 제도의 범죄는 처벌되지 않고 개인의 피해는 회복될 수 없음을 廢人(폐인)이 된 그의 몸과 정신으로 입증하였다. 이 기사는 1981~1982년에 걸쳐 월간 〈마당〉에 쓴 것이다.

神話가 된 사건의 발단

하나의 神話(신화)가 있었다. 형사, 검사, 판사, 변호사, 그리고 사회부 기자들 세계에선 이미 傳說(전설)처럼 돼버린 사건이 있었다. 열네 해가 흐른 지금도(注: 이 글이 쓰인 1981년 10월로, 이하 모든 글의 시점은 이때를 기준으로 한다) 그 사건 이름만 대면 그들은 자기 아이들 이름을 외듯 스물도 넘는 사건 관계자들의 성명을 줄줄 기억해내곤 한다.

아직도 그 사건을 악몽처럼 추억하는 사람들이 있다. 그 사건을 떠올리면 잠 못이루는 사람들이 있다. 그 생각만 나면 속골이 쑤시고 뼛속이 저려오는 사람들이 있다. 그 사건을 누가 새삼 입에 올리지 않을까 전전긍긍하는 사람들도 있다. 가슴속을 저며 오는 슬픔과 북받치는 분노와 남기고 싶지 않은 원한과 되살아나는 복수심을 홀로 억누르며 완강하게 삶을 버티고 걸어가는 사람들도 있다. 그 사건에 짓눌려 비참하게 일생을 끝막음한 사람도 있다. 수많은 사람들의 인생행로를 바꾸고 그들에게 죽을 때까지 잊지 못할 고통을 선물한 장본인의 生死(생사)는 알 길이 없다.

살아 있다면 그는 흘러가는 하루하루를 열심히 헤고 있으리라. 1982년 10월17일이 어서 빨리 오라고 그는 빌고 있을 것이다. 앞으로 365일. 한 해만 지나면 그는 이 나라의 법이 보장하는 免罪符(면죄부)를 얻게 된다. 그리하여 신화는 化石(화석)으로 굳어지고 곧 망각 속에 파묻혀버릴 것이다. 1981년 10월, 나는 이 사건의 조각들을 찾아 끼워 맞춤으로써 한 사나이의 墓碑銘(묘비명)을 대신할 글을 남겨놓기 위해 취재의 길에 올랐다.

1967년 10월17일 오후 9시30분쯤 金根夏(김근하) 군은 박희철 선생 집을 나왔다. 부산 화랑국민학교(現초등학교) 5학년인 열한 살 소년 근하는 두 시간 동안의 과외수업을 마치고 집으로 돌아가는 길에 접어들었다. 아버지 김용선 씨(당시 45세)와 어머니 최을남 씨(36) 및 누나, 형, 그리고 두 동생이 기다리고 있는 집은 150미터쯤밖에 떨어져 있지 않았다. 근하는 친구 네 명과 함께 화랑국민학교(부산 서구 동대신동) 담벼락을 따라 찻길을 걸었다. 학교 정문 앞에서 근하는 친구들과 헤어졌다. 찻길을 뛰어 건너 컴컴하게 아가리를 벌리고 있는 골목 속으로 소년은 사라졌다. 이것이 근하의 살아 있는 마지막 모습이었다.

약 20분 뒤 부산 영 880호 영업용 시발 택시 운전사 장용태 씨(40세)는 보수동 검정다리 근처에서 한 청년을 태웠다. 그는 "실을 물건이 있다"면서 택시를 화랑국민학교 정문 쪽으로 몰게 했다. 1분도 안 돼 정문 앞에 택시가 닿자 청년은 정문 기둥 옆에 놓아둔 마분지 상자를 안고 뒷자리에 올랐다. "국제시장으로 가자"고 청년은 말했다. 장 씨는 여위고 작은 몸집의 이 청년이 실은 상자가 매우 크고 무겁게 보였으므로 그를 유심히 살폈다. 짧게 깎은 머리, 희고 둥근 얼굴, 밤색 점퍼, 맘보바지, 검은 운동화, 경상도 사투리… 운전사는 인상과 옷차림의 특징들을 머리에 새겼다.

택시가 보수파출소 앞 신호등에 이르렀을 때 마침 直進(직진) 신호가 켜졌다. 장 씨는 곧장 부평동쪽으로 나갔다. 청년은 대청동 쪽에서 국제시장으로 들어가길 원했던 듯 '국제시장으로 가야 할 텐데…' 라고 혼잣말처럼 중얼거렸다. 그러나 청년은 중구청 앞에 올 때까지 입을 다물고 있었다. 장 씨는 교차로에서 국제시장의 남쪽 입구로 좌회전을 할까 하다가 다시 방향을 물었다.

"자갈치시장으로 갑시다."

"거긴 들어갈 수가 없는데요…"

"그러면 남포동 멸치 도가(注: 도매상을 이르는 경상도 방언)로 갑시다."

운전사는 천사당 양과점까지 와서 남포동 해안 쪽으로 우회전을 하려고 했으나 버스가 입구를 막고 있었다. 청년은 다시 시청 뒤 해안통으로 가자고 했다. 장 씨는 바다 쪽만 찾는 청년에게 덜컥 의심이 가기 시작했다. 그는 택시를 시청 뒤, 대동여인숙 앞에 세웠다. 요금 140원을 건네준 청년은 상자를 안고 내리더니 영도다리 쪽으로 걸어갔다.

'밀수품이다!'

장 씨는 그렇게 생각했다. 차를 돌려 나오면서 시청 정문 옆에 붙은 광복파출소에 신고했다. 근무하고 있던 백일채 순경(당시 30세)은 파출소 급사 주병규 군을 먼저 그곳으로 보냈다.

"어떻게 나왔나?"

경남제빙 앞 해안통에 상자를 내려두고 서 있던 청년이 다가오는 주 군에게 먼저 말을 걸었다.

"바람 쐬러 나왔습니다."

"재미 보러 왔어? 연애하나?"

괴청년은 거듭 농을 걸었다. 마음을 놓은 주 군은 쪼그리고

생전의 근하 군. 예리한 칼날이 어린 소년의 가슴을 꿰뚫었다.

앉으며 상자에 손을 댔다.

"저리 비켜!"

갑자기 청년은 화를 벌컥 냈다.

백 순경이 현장에 나타난 것은 이때였다.

"이게 뭐요?"

"책입니다."

청년은 정복 경관 앞에서 한풀 꺾인 듯 공손하게, 그러나 불안하게 대답했다. 백일채 순경은 상자를 풀려고 허리를 굽혔다. 이것이 실수였다. 청년이 후닥닥 뛰어 달아나기 시작한 것이다. 사람을 먼저 붙들어 두고 상자를 조사했어야 했는데 백 순경은 물건에 먼저 손대었다가 청년을 놓친 것이었다.

백 순경은 청년을 뒤쫓았다. 청년은 진주식당 앞을 지나 찻길을 뛰어넘어 천사당 양과점 앞으로 해서 남포동 해안통의 어둠 속으로 달아나고 말았다. 이것이 범인의 마지막 모습이었다. 이때가 오후 10시10분. 백 순경은 허탕을 치고 돌아와 상자를 풀어보았다. 책 대신 구겨진 어린이의 시체가 나타났다. 입은 손수건으로 틀어 막혀 있었고 오른쪽 가슴엔 길이 25센티미터쯤의 과도가 깊숙이 박혀 있었다. 상자를 묶은 것은 파란색 나일론 끈. 칼은 오른쪽 제3늑골의 연골부를 끊고 胸壁(흉벽)을 지나 왼쪽 心房(심방) 벽을 꿰뚫고 있었다.

칼을 뽑지 않았으므로 출혈은 많지 않았다. 부산대학교 병리학교실 이선경 교수의 剖檢(부검)에 의해 직접 死因(사인)은 '흉강 내 출혈'로 밝혀졌다. 범인은 단 한 번 칼질로 그 소년의 목숨을 끊은 것이었다. 경찰은 이날 밤 소년의 신원을 김근하 군으로 밝혀내고 수사본부를 사건 발생지 관할서인 서부경찰서 동대신동파출소에 설치했다.

'진범 검거!'

〈국제신보〉 변수갑 기자는 서서히 지치기 시작했다. 수사가 시작된 지 열닷새, 수많은 '유력 용의자들'이 나타났다간 사라져갔다. 그때마다 눈에 불을 켜고 경찰과 다른 신문사의 기자들을 상대로 밤 새워 취재전쟁을 벌였으나 용의자들은 모두 무혐의로 밝혀졌었다. 수사는 이제 迷宮(미궁)으로 빠져들고 있는 느낌이었다. 사건 발생 뒤 〈국제신보〉 사회부는 수사본부 근처

여관에 취재본부를 두고 경찰 출입 기자 7, 8명을 이 사건 취재에 투입했다.

취재진의 중심은 서부서를 출입하는 변수갑 기자와 부산시경을 맡은 하윤락 기자였다. 변 기자는 그때 서른일곱 살, 부산의 일선 경찰서만 14년째 출입하고 있었다. 형사들은 물론이고 시내버스의 안내양들까지 키가 나지막한 그를 알아볼 정도로 변 기자는 '발로 쓰는' 맹렬 사회부 기자였다. 하 기자는 市警(시경)의 간부들과 특히 인간관계가 좋아 핵심 수사정보를 곧잘 물고 왔으며 그래서 변 기자가 밑바닥에서 긁어모은 잡다한 정보를 보완하기도 했다. 사회부장은 법조 출입 기자로 명성을 떨치고 특히 '장경근 일본 밀항 사건(注: 1960년 前 내무부 장관이자 자유당 정책위원장이었던 장경근이 4·19 혁명 후 3·15 부정선거의 주모자로 지목되어 구속, 재판을 받던 중 도주해 일본으로 밀항한 사건)'의 수사 때 장경근을 일본까지 태워다 준 선원을 부산지검이 구속한 사실을 특종하여 이름을 날린 장철 씨.

〈국제신보〉는 사건 발생 때부터 잘 나가기 시작했다. 친한 형사로부터 深夜(심야)에 전화 연락을 받은 하 기자는 마분지 상자가 버려진 현장에 가장 먼저 도착한 기자가 됐다. 덕택에 그날 새벽 〈국제신보〉는 호외를 내어 상대지보다 한발 앞서 이 사건을 알릴 수 있었다.

사건 발생 뒤 한 번도 집에 들어가지 못하고 있던 변 기자는 11월2일 아침 이제는 맥이 풀린 것 같은 수사본부에 들렀다가 화

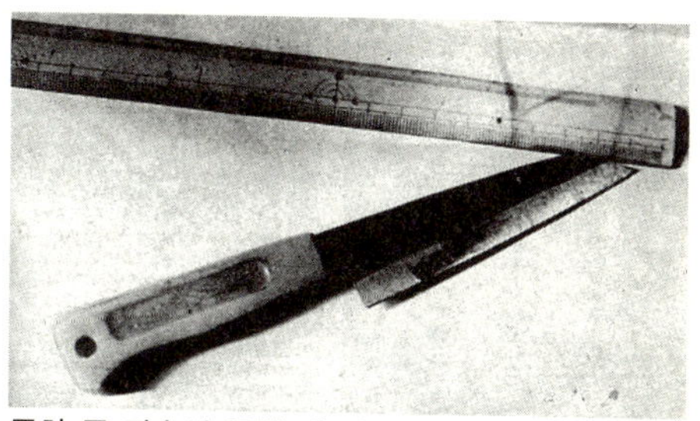

근하 군 가슴에 꽂힌 채 발견된 칼.

끈한 정보를 얻었다. 그는 수사본부에서 內勤(내근)을 하며 수사 기록들을 챙기는 서무 요원들과 친했다. 이들로부터 그는 동부경찰서 한일민 주임이 '거의 틀림없는' 용의자를 뒤쫓고 있다는 귀띔을 들었다. 변 기자는 용의자의 이름을 얻어냈다. 동대신동 2가에 사는 전경렬(가명 · 당시 20세). 변 기자는 전 씨의 집을 찾아갔다. 수사본부에서 왔다고 속임수를 쓴 뒤 전 씨의 부모에게 사진을 내놓으라고 했다. "사진과 책, 공책, 옷가지까지 당신네들이 몽땅 가져가지 않았느냐?"고 그들은 되물었다. 변 기자는 그제야 한 주임 班(반)이 전 씨를 연행해갔고 가택 수색까지 끝냈음을 알았다. 변 기자는 전 씨가 졸업한 경남상고의 앨범이 남아 있는 것을 겨우 발견, 그의 얼굴 사진을 오려 내 왔다.

변 기자는 수사본부에 돌아와서 한일민 주임 班뿐 아니라 그

와 함께 차출된 동부서 천현준 주임 반 요원들까지 모두 증발해버렸음을 알아냈다. 한, 천 두 주임이 새벽에 만나 귓속말을 주고받더니 서로 축하하는 악수를 교환하고 황급히 나가더란 얘기도 들어왔다. 변 기자는 취재진을 풀어 감쪽같이 사라져버린 한일민 주임을 뒤쫓기 시작했다. 집요한 기자들의 추적은 이날 밤 늦게까지 계속됐다. 그들은 경찰서, 파출소, 여관, 호텔 등을 뒤지며 돌아다녔다.

한편 한 주임 반의 형사 일곱 명은 기자들의 눈을 피해 전 씨를 데리고 여덟 군데의 파출소와 여관을 옮겨 다니며 그를 신문하고 있었다. 기자들은 용케 수사반이 머물렀던 여관이나 파출소에 들이닥치기도 했지만 그때마다 "몇 시간 전에 나갔다"는 얘기를 들어야 했다. 남부서 대연파출소 2층에 있다는 소문을 듣고 부리나케 달려갔을 때도 형사들은 불과 몇 시간 전에 어디론가로 '떴다'는 것이었다. 기자들은 대연파출소 근처의 파출소와 여관을 이 잡듯 뒤져갔으나 형사들의 꼬리를 잡을 수 없었다.

변 기자는 자정을 넘기고는 추적을 포기했다. 비록 한 주임을 붙들지는 못했지만 그들이 '거의 틀림없는 범인을 쫓고 있다'는 心證(심증)은 더욱 굳어졌다. 더구나 이 '극비 수사 진전'을 다른 기자들은 모르고 있는 것 같았다.

변 기자는 이 특종거리를 부장에게 보고했다. 그동안의 추적

과정에서 주워 모은 정보의 조각들을 끼워 맞춰 "전 씨가 자백을 했고 그는 근하 군의 전 과외가정교사였으며 증거물도 이미 압수한 것 같다"고 보고했다. 장철 부장은 이 特種(특종)을 號外(호외)로 빛내기로 결단했다. 변 기자는 기사를 썼다. 200자 원고지 석 장분의 짤막한 기사였다. 이때 장철 부장은 아무래도 마음이 놓이지 않은 모양이었다. 수사진에 직접 확인한 정보가 아니란 점이 노련한 사건기자를 불안케 했다. 그는 변 기자에게 다시 한 번 확인해보라고 지시했다. 변 기자는 새벽에 수사본부로 달렸다. 수사본부장 이수태 부산시경 수사과장과 단독 면담에 들어갔다. 단도직입으로 변 기자는 다그쳤다. 본부장은 말했다.

"범인이란 심증은 간다. 그러나 증거물을 확보하지 못했다. 하루만 더 기다려주면 완전한 것으로 만들어내겠다."

변 기자는 장 부장에게 전화를 했다.

"범인이 틀림없습니다. 윤전기를 돌리십시오!"

변 기자는 眞犯(진범)이란 보증은 받지 못했지만 자신의 肉感(육감)을 믿고 도박을 건 것이었다. 본부장의 '심증이 간다'는 말은 '범인인 것 같다'는 느낌과 같은 뜻이다. 증거물이 없는 상황에서 이 '느낌'은 아무런 有罪(유죄) 입증 자료가 될 수 없다. 그러나 여기서 기자와 경찰의 길이 갈라진다. 경찰은 공소

유지를 할 수 있는 증거를 갖춰야 용의자를 구속할 수 있지만 언론계의 구조와 생리는 '확신'만 갖고도 기사를 쓸 수 있게 하고 있다. 경찰은 '자백' 이외에 증거물이란 객관적 자료를 가져야 범인으로 단정하지만 기자들은 心證(심증), 곧 확신이란 주관적 자료만 갖고도 곧잘 단정을 내린다.

〈국제신보〉는 호외를 인쇄했다. 3일 새벽 街販(가판) 소년들은 호외를 뿌리고 다녔다. 〈국제신보〉의 맞수인 부산일보사 앞에, 수사본부 앞에, 시경 앞에 한 뭉텅이씩의 호외가 뿌려졌다.

'근하 군 살해 有力(유력) 용의자 체포'라고 기사를 썼더라면 그것은 당시 수사상황의 정확한 표현이었다. 그러나 그런 기사로는 여러 번 有力 용의자들이 사회면을 화끈하게 장식했다가 무혐의로 풀려나가곤 하던 그즈음의 신문 분위기에선 호외감이 될 수 없었다.

호외는 용의자 아닌 범인 체포를 전제로 한 것이었다. 그래서 호외의 새까만 커트 제목은 '근하 군 살해 진범 체포'라고 외치고 있었다. 전 씨의 이름은 물론, 앨범 사진도 박혀 있었다. 범인을 더 강조한 '진짜 범인', 이 '眞犯(진범)'이란 신문 용어는 '가짜 범인'도 있다는 것을 은연 중 反證(반증)하는 낱말이기도 했다.

친구들과 이웃의 항의 데모

한일민 주임은 1960년대와 1970년대를 통틀어 부산 경찰의 가장 유능한 형사로 꼽혀왔다. 집념과 끈기, 냉혹한 승부의식과 깨끗한 처신은 그를 수사 경찰관들의 귀감으로 만들었다. 그가 전경렬 씨를 용의자로 떠올린 것은 근하 군의 집 주변 탐문수사에서였다. 그는 범인이 根夏(근하) 군이나 근하 군 집과 연고를 가진 사람이란 전제 아래에서 戶口(호구)조사를 통하여 후보자를 찾고 있었다. 범행 현장과의 거리, 근하와의 親面(친면), 가정환경, 목격자들이 말한 범인의 인상착의 등등 열 몇 가지의 조사 항목을 만들어 수사 대상자를 좁혀가는 과정에서 드러난 것이 전 씨였다.

한편 한 주임의 동료인 천현준 주임은 근하 친구들에게 설문지를 돌려 근하 주변에 나타난 적이 있는 수상한 어른들을 조사해갔다. 여기서 가장 유력한 수사 대상자로 나타난 것이 또 전 씨였다. 두 주임이 우연하게도 같은 인물을 찍고 있다는 것을 서로 알게 된 것은 11월1일. 두 주임은 부하 형사들을 合班하여 전 씨를 공동 신문하기로 약속했다. 성공만 하면 1계급 특진은 따 놓은 堂上(당상)이었다.

전경렬 씨는 11월1일 오후 2시쯤 동대신동파출소로 끌려가 조사를 받았다. 형사들은 전 씨가 화랑국민학교 운동장에서 근하 군과 같이 논 적이 있느냐고 물었다. 전 씨는 근하의 얼굴도 모른다고 답했다. 전 씨는 네 시간 뒤 풀려나왔다. 그가 두 번째로 연행된 것은 2일 오전 2시였다.

〈서부산경찰서에 들어가자마자 서너 명의 경찰관이 다짜고짜 발길질을 하기 시작했다. '근하 군을 죽이지 않았느냐?', '박스를 들고 서 있지 않았느냐?' 고 고함을 치면서. 오전 9시까지 자백 강요를 받았으나 나는 버티었다. 9시30분쯤 나는 보수동 모여관의 골방으로 끌려갔다. 두 손에 수갑이 채워졌고 주먹과 발이 날아왔다. 그래도 억지 자백을 하지 않았다. 이날 오후 7시쯤 나는 대연파출소 2층으로 옮겨졌다. 발가벗겨진 뒤 저녁 12시까지 물을 먹었다. 경찰이 쓰라는 대로 자백서를 썼다.

'근하 군을 죽였다. 미안하다. 아버지는 손을 다쳐 있고 어머니는 발에 무좀이다. 근하와는 농구를 같이 하며 논 적이 있다. 17일 오후 6시께 화랑국민학교 근처 문방구점 앞에서 범행을 구상하다가 집으로 돌아와 아이들을 가르쳤다. 오후 9시30분에 다시 현장에 나타나 근하를 기다렸다. 범행은 혼자서 했다.'

이 자백서는 '비행기를 태운다' 는 따위의 협박을 받아가며 쓴 것이다〉(《조선일보》 1967년 11월7일 사회면)

〈국제신보〉의 호외가 뿌려진 것은 이 자백 뒤 일곱 시간이 흐른 3일 오전이었다. 이 호외에 가장 크게 당황한 것은 다른 언론기관의 기자들이었다. 뒤통수를 호되게 얻어맞은 그들은 號外기사를 바탕으로 갈팡질팡하며 혼란 속의 취재를 벌이기 시작했다.

　수사본부는 아직도 ‘범인’이란 말은 쓰지 않고 있었다. 그러나 전 씨가 자백을 했으며 증거품과 傍證(방증)을 수집하고 있다고 밝혔다. 대부분의 기자들은 ‘범행 자백’을 ‘범인 검거’로 받아들였다. 경찰이 워낙 큰 사건이므로 신중을 기하기 위해 공식 발표를 미루고 있다고 그들은 판단했다.

　이날 정오에 나온 부산의 兩大(양대) 신문은 모두 ‘진범 검거’ 기사를 1면과 사회면에 크게 실었다. 사회면의 약 4분의 3이 검거 기사였다. 〈국제신보〉 기자들에게 있어서 이날은 ‘승리의 날’이었다. 맞수인 〈부산일보〉가 3일자 석간에서 그들의 특종을 따라오지 않을 수 없었다는 것이 그들을 도취케 하였다.

　‘18일 만에 풀린 원혼’이라고 〈부산일보〉의 사회면 머리기사는 소리치고 있었다. ‘써놓은 유서 발견이 단서’, ‘잡히면 자살한다고 미리 유서 써두어’, ‘과외수업 옮긴 데 앙심’, ‘수사관들에게 감사 – 근하 군 가족’, ‘손뼉 치며 환호성 – 화랑교 어린이들’.

　두 신문은 온통 잔치 기분을 내고 있었다. 〈부산일보〉는 “범인은 대학시험에 떨어진 태권도를 닦은 놈팡이"라고 보도했다. 〈국제신보〉는 공범 손 모 씨도 함께 붙들었다고 했다. 범인 검거 소식을 듣고 통곡하는 근하 군의 부모 사진이 〈부산일보〉에 실렸다. 〈부산일보〉는 "범인은 너무나 태연하여 형사들이 어리둥절했었다"고 전하고 수훈을 세운 한 주임의 약력도 실었다.

이 잔치 기분을 깨고 나온 것은 다음날 〈조선일보〉(11월4일자)였다. 〈조선일보〉는 부산의 두 신문과는 달리 범인이란 말 대신 용의자로 표기하고 전 씨에게 가명을 씌웠고 그의 사진도 싣지 않았다. 이 신문은 "전경렬이 자백을 번복했다"고 쓴 뒤 핵심을 찔렀다. "근하 군이 살해된 시간에 전 씨는 자기 집 다락방에서 네 어린이들에게 공부를 시키고 있었다고 국민학생들이 증언했다."

이들 어린이는 오후 7시부터 오후 10시가 넘도록 과외수업을 받았다는 것이었다. 전 씨의 알리바이가 드러나면서 분위기는 급전했다. 이날 석간에서 〈국제신보〉와 〈부산일보〉는 서둘러 방향 전환을 했다.

'심증으로만 굳힌 범인', '마분지 상자 등 物證(물증) 수집에 총력'… 경찰과 법원을 앞질러 바로 하루 전에 '진범 확정 판결'을 내렸던 두 신문은 "경찰이 증거품을 확보했다"고 스스로 보도한 사실은 까맣게 잊어먹고 "아직 노끈, 果刀(과도), 박스

등의 출처를 캐내지 못했으며 경찰이 압수한 바지, 잠바도 범행에 사용했다는 확증이 없다"고 썼다. 더구나 전날 두 신문이 보도한 '공범 체포'나 '자살 예고 유서'는 밑도 끝도 없는 허위였음이 밝혀졌다. 전 씨가 근하의 가정교사였다는 것도 사실이 아니었다. 두 신문의 전날 보도내용 가운데 사실은 전 씨의 이름과 주소, 그리고 '자백했다'는 내용 정도였다. '자백했다'는 부분도 '강압 아래서'란 상황 설명을 생략했었기 때문에 결코 진실을 전한 것은 아니었다.

방송과 신문들의 誤報(오보)에 들고 일어난 것은 전 씨의 모교인 경남상고 학생들이었다. "엉터리 수사와 신문 오보로부터 청소년의 인권을 보호하자"고 결의하고, 거리로 뛰쳐나와 데모에 들어간 것이었다. 이들은 4일 오전 〈국제신보〉, 〈부산일보〉, 부산문화방송을 차례로 돌며 "특호 활자로 오보를 시정하라"고 요구했다.

전 씨의 이웃 사람들 약 서른 명도 수사본부에 몰려가 집단 항의를 했다. 그들은 "구속영장도 없이 무고한 사람을 사흘간이나 가두어두는 법이 어디 있느냐"고 대들었다. 전 씨의 가르침을 받던 어린이 네 명도 수사본부를 찾아와 "억울한 우리 형님을 내놓아주세요"라고 울먹였다.

전 씨가 경찰에서 풀려나온 것은 연행 92시간만인 5일 오후

10시였다. 부산지검 김용제 검사장이 이날 오전 "물증을 못 찾으면 돌려보내라"고 지시했던 것이다. 경찰도 근하 군이 살해된 시간에 전 씨가 아이들을 가르치고 있었다는 결정적인 알리바이를 깰 수 없었던 것이다. 한일민 주임은 뒤에 말했다.

"신문의 앞지른 보도가 수사를 망쳤다. 우리는 전 씨를 진범으로 단정한 적이 없었고 다만 수사 대상으로 선정했을 뿐이었다. 수사가 익기도 전에 신문이 오보를 함으로써 모든 상황이 흐트러졌고 경찰은 제대로 수사도 못하고 중간에서 손을 떼지 않을 수 없었다."

전 씨는 풀려나자마자 병원에 입원했고 나흘간 굶으며 당한 고문을 낱낱이 〈조선일보〉 기자에게 털어놓았다.

'살아있는 고문 수사, 나는 이렇게 짓밟혔다.' 〈조선일보〉는 11월7일 이런 사회면 머리기사로 경찰을 공격했다. 그 뒤 형식적인 '고문 경찰관 조사'가 있긴 했으나 처벌받은 형사는 아무도 없었다.

"내가 미쳐버리지 않을까 겁이 났다"

내가 1981년 6월, 열네 해 만의 첫 기자로서 전 씨 집을 찾았을 때 사진을 통해 낯이 익은 전 씨는 반갑게 기자를 맞았다.

남동생과 노부모 및 아내와 딸 등 다섯 식구를 부양하는 의젓한 30대의 家長(가장)으로 변한 그의 모습에서 기자는 지난날의 고통의 흔적을 찾아볼 수 없었다. 마흔 평의 垈地(대지) 위에 두 해 전 새로 지었다는 스물두 평짜리 아담한 양옥은 부산시 동래구 금정산 기슭의 숲을 배경으로 하여 깔끔하게 그들 가족을 감싸고 있는 듯했다.

"언젠가는 한번 밝혀야 할 얘기지만….."

전 씨는 부엌일에 바쁜 아내의 눈치를 보면서 아직도 그의 마음과 몸속에 살아 있는 '악몽' 을 되씹기 시작했다.

"그들이 나를 내보내주기 전에 고별 대접을 해주더군요. 해운대 여관에서 나흘 만에 처음으로 밥도 먹이고 목욕도 시키고…. 그런데 목욕탕에서 몸을 씻는데 말입니다, 천정에서 물방울이 뚝뚝 내 몸에 떨어지는데 그것이 깜짝깜짝 놀랄 만큼 아픈 거예요. 내가 이거 신경이 좀 이상해졌다는 생각이 문득 들더군요."

전 씨는 풀려나온 뒤 동부경찰서 바로 옆에 있는 봉생신경외과에 입원했다. 이틀 뒤 그는 다시 부산대학병원 신경외과로 옮겼다. 2주 뒤 그는 퇴원했다. 전 씨는 그때 진단서를 뗄 수가 없었다고 한다. 떼어주겠다는 의사가 없더란 것이다. 진단서가 없으니 고문을 받았다는 증거도 세울 수 없었다.

　퇴원 뒤 通院(통원) 치료를 받다가 곧 돈이 떨어졌다. 그때 전 씨의 집안 사정은 말이 아니었다. 아버지는 1급 상이용사였다. 전 씨의 첫돌 날에 징집된 아버지는 인천상륙작전에 참여, 압록강까지 진격했다가 중공군의 공격을 받고 부대에서 이탈, 고립됐다. 그는 어깨에 총상을 입은 채 중공군의 포로가 됐다. 1950년 겨울부터 1953년 4월까지 신의주 포로수용소에서 고생하다가 포로 교환으로 살아 돌아왔다. 凍傷(동상)으로 오른쪽 세 손가락을 잃고서. 이 불구 아버지의 연금 6000원과 어머니의 구멍가게 수입금 월 7000원으로 전 씨네 여섯 식구가 생계를 잇고 있었다. 전 씨가 再修(재수)하면서 가정교사를 하여 월 7000원쯤을 보탰는데 이것을 그 소동 뒤 집어치웠다.

　퇴원 뒤 치료비가 모자라 전 씨는 집에 누워 있기만 했다. 온몸에서 힘이 빠져나가고 몽롱한 정신상태가 계속됐다. 보다 못한 어머니가 전 씨를 손수레에 싣고 거적으로 덮은 뒤 시경 마당으로 밀고 들어가 "내 아들 살려내라"고 대들기도 했다. 그제야 형사들이 찾아와 합의를 하자고 했다. 합의금으로 5만 원을 제시했다.

　결국 전 씨는 25만 원에 경찰과 합의, 민·형사 간에 앞으로는 더 문제를 삼지 않겠다고 약속했다. 그 뒤로도 전 씨의 정신상태는 악화될 뿐이었다. 우선 속골이 아파 미칠 지경이었다.

"마취를 하지 않고 생다리를 절단하는 그런 아픔보다 더한 것 같았어요. 그 고통이 몇 시간이나 계속되곤 했어요."

길을 걸으면 땅이 45도쯤 비스듬히 기울어져 보일 때도 있었다. 그래서 전봇대를 붙들고 어지러움을 가라앉히기도 했다.

이웃의 동정은 극진했다. 그러나 전 씨를 꺼림칙하게 보는 사람들도 있는 것 같았다. 경찰에서 전 씨를 내놓았을 때 몇몇 신문들은 "경찰은 傍證(방증) 수집을 계속하겠다고 말했으며 증거가 드러나면 언제든지 구속할 수 있다"고 꼬리를 달았다. 마치 증거가 없어 못 잡아넣는 것처럼 보도했다. 이 때문에 전 씨를 속으로는 의심하는 사람들도 더러 있었다는 것이다.

전 씨 부모는 아들의 환경을 바꿔주려고 그를 양산 통도사의 취운암에 보내 靜養(정양)을 시켰다.

"이 암자에 한 친구가 위문 차 놀러왔더군요. 그 친구가 사흘 동안 같이 자면서 나의 손목시계 얘기를 꼬치꼬치 캐묻지 않겠어요. 뒤에 다른 사람으로부터 들은 얘기로는 경찰의 부탁을 받아 뭘 캐내려고 날 찾아왔을 것이란 거예요."

이 암자의 방세가 너무 비싸 1968년 봄 전 씨는 양산군 기장면 백두사로 옮겼다. 혼자 산속에서 조용하게 있어도 그의 病勢(병세)는 좋아지지 않았다. 머리가 빠개질 듯 아프고 신경통 환자처럼 뼈마디가 쑤시면 자살 생각이 문득문득 떠오르기도 했다.

"그때마다 부모님을 위해 살아야 한다, 내가 잘된 뒤 보자고 이를 악물었습니다. 순전히 오기로 버틴 것이었습니다. 어떨 때는 이러다간 미쳐버리는 게 아닌가 겁이 솟아나기도 했어요."

"근하 군 살해범 일당 네 명이 일망타진됐다"는 반가운 소식을 전 씨가 들은 것은 바로 이 암자에서였다.

검찰의 일망타진 발표

1968년 5월29일 전국 신문들은 또다시 기뻐 날뛰었다. '근하 군 살해범 일망타진'이란 제목이 1면 머리(⟨국제신보⟩와 ⟨부산일보⟩)와 사회면 머리를 장식했다. 주범 최형욱(가명·당시 40세), 하수인 정대범(당시 21세), 살해 교사범 김기철(당시 29세), 김금식(당시 33세) 씨의 사진이 큼직하게 실린 것은 물론이었다. 사건을 해결한 부산지검 김태현 부장검사의 흡족해하는 표정 사진과 '어린이 유괴 살해사건 수사의 명검사'란 프로필 기사가 또한 빠질 수 없었다. 그것은 근하 군 살해 사건의 '제2代 진범' 대관식에 걸맞은 신문의 대접이었다.

이 대관식에 '초대 眞犯(진범)'이 빠질 수는 없었다. 기자들은

전경렬 씨의 부모를 찾
아가 소감을 받아갔다.
전 씨의 아버지는 '멀
쩡한 자식을 병신 만들
어놓은' 경찰을 원망하
면서 이제 공식적으로
누명을 벗었으니 개운
하다고 말했으나 어머
니는 '아들 물어내라'
고 통곡을 터뜨렸다.

부산지검 김태현 부장검사는 진범을 일망타
진했다고 흡족해하며 사건 경위를 설명했다.

　전국의 신문들이 신들린 것처럼 이 검거 기사를 크게 취급한
것은 결코 호들갑이 아니었다. 검찰의 발표 내용은 강력사건이
가질 수 있는 모든 극적 요소를 망라하고 있었다. 主犯(주범)이
란 최형욱 씨는 근하의 친 외삼촌이었다. 외삼촌이 조카의 살
해를 원격조종하고 협박장이 오면 매부의 돈 백만 원을 직접
들고 나가 하수인들에게 건네주기로 계획했었다는 발표 내용
은 독자들을 분노케 하는 데 모자람이 없었다. '외삼촌은 비정
했다'는 사회면 머리기사, '나는 오빠를 저주한다'는 근하 어
머니의 手記(수기. 기자가 재구성한 듯)는 이런 분노에 부채질을 했
으나 과하다는 느낌은 별로 주지 않았다.

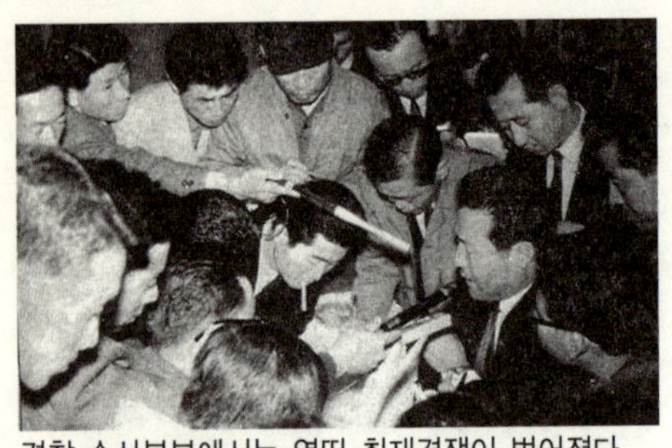
경찰 수사본부에서는 열띤 취재경쟁이 벌어졌다.

이들은 점조직과 가명을 써가며 범행을 저질렀고 潮水(조수)의 流動(유동)을 계산, 시체를 대마도 쪽으로 실어 보내 버리려 했다는 대목도 이 사건을 흥미롭게 윤색했다. 이들이 '국가가 보장하는 알리바이'를 얻기 위해 대구교도소 교도관들을 매수, 복역 중이던 김금식을 범행 당일 하루만 빼내어 사용한 뒤 다음날 다시 감방으로 복귀시킴으로써 완전범죄를 노렸다는 줄거리는 어떤 추리소설의 경지도 앞서는 수준이었다. 그래서 독자들은 검찰 엘리트가 역시 경찰과는 다른 점이 있다면서 이 어려운 사건을 풀어간 김태현 검사의 쾌거를 칭송해 마지않았다.

6월20일 검찰은 네 명의 교도관을 포함한 일곱 명(정대범 씨는 현역병으로 군사 재판에 돌림)을 가중 뇌물 약속, 허위 공문서 작성, 동 행사, 간수자 도주 원조, 강도 살인, 사체 유기, 도주, 직무유기 등 여덟 가지 罪名(죄명)으로 기소했다.

부산지법에서 열린 공판에서 여섯 피고인들은 한결같이 범행을 부인했다. 검찰 수사에서 자백을 한 피고인들도 그것이 자신들을 공산당으로 모는 절박한 상황에서 한 임의성 없는 자백이었다고 말했다. 다만 김금식 씨만은 범행 사실을 적극 시인했다. 그마저 10월21일의 9회 공판 때부터는 심경 변화를 일으켰다. 지금까지의 자백은 경찰과 검찰의 수사능력을 시험, 우롱해보기 위한 창작이었다고 진술하기 시작했다. 그는 검찰이 발표한 범인이란 사람들은 자기가 만든 각본에 속은 검사가 配役(배역)에 맞춰 잡아들인 무고한 양민들이며 서로 얼굴도 모르는 사이라고 폭로하고 자신에게 베푼 검사의 야릇한 대접까지 까발렸다.

그러나 1심 판사는 1968년 11월22일 전원의 有罪(유죄)를 인정, 최형욱, 김기철, 김금식 씨에게는 사형을 선고했다. 항소심 선고 공판은 그 이듬해 3월21일 대구고법에서 열렸는데 이번엔 전원에게 無罪(무죄)가 선고됐다. 6월25일에는 대법원이 전원에게 무죄 확정 판결을 내렸다. '2대 진범들' 도 가시관을 쓴 무고한 사람들로 밝혀진 것이었다.

순덕이 청년에게 닥친 變故

여기 한 장의 사진이 있다. 1969년 7월26일, 무죄 확정 판결 다음날 김기철 씨가 대구교도소의 문을 나서는 장면을 〈국제

대법원의 무죄판결로 김기철 씨는 447일 동안의 억울한 옥살이를 청산, 교도소를 나섰다.

신보〉 기자가 찍은 것이다. 일 년 두 달 스무하루 만에 다시 창살 바깥세상으로 첫발을 내딛는 청년. 러닝셔츠 바람, 허리띠 없는 바지, 검은 운동화, 왼손엔 스웨터와 흰 종이가방을 들었다. 그 종이가방엔 연옥 같았던 447일 동안의 手記(수기)와 재판 기록이 담겨 있었다.

김 씨를 마중 나온 것은 그를 '살인귀', '불량배', '해병대의 특수교육 경험을 살려 하수인에게 살인 방법을 가르쳐준 國卒(국졸)의 실업자'로 불렀던 기자들이었다. 김기철 씨는 그들에게 웃어 보였다. 그 수줍어하는, 앳된 순진한 웃음이 카메라에 잡혔다. 김 씨는 "사회에 대해 하고 싶은 말이 없느냐?"는 기자의 멍청한 질문을 받고 "양심대로 살아가면 누명은 언젠가 벗겨질 것이다"고 대범하게 대답했다. 다만 그를 이 사건에 물고 들어간 친구 김금식에게는 원망을 돌렸다.

이날에는 김기철 씨 스스로도 이것이 시련의 끝이 될 줄 믿었을 것이다. 그러나 그것은 시작이었다.

김기철 씨는 1938년 5월24일 부산시 동구 초량동에서 났다. 아버지 김우근 씨는 키는 작지만 당차게 생겼고 어머니 김필선 씨는 보통남자만큼이나 허우대가 컸다. 밀양군 무안면이 고향인 김우근 씨는 기철 씨 출생 몇 해 전 부산으로 이사, 해방 뒤엔 한국석유저장회사(코스코)의 사상 저유소에 들어가 줄곧 노조 분회장으로 일했다.

김기철 씨는 4남 1녀 가운데 셋째였다. 기철 씨 형제는 '장사 형제'로 불릴 정도로 모두 건장하고 주먹 힘도 세었다. 특히 큰형 김이만 씨는 자유당 시대 주먹 하나로 초량, 범천동 일대에서 이름을 떨친 사람이었다. 기철 씨도 천부의 건장한 몸집을 갖고 있었으나 말수가 적고 부끄럼을 잘 타는 '순덕이'였다고 그의 어릴 적 친구들과 가족들은 입을 모으고 있다. "여자 서너 명만 있어도 얼굴을 못 드는 아이였다"고 형 이만 씨는 말했다.

기철 씨는 야간 중학교를 졸업한 뒤 집에서 놀다가 나이 열여덟에 해병대에 지원 입대했다. 가난한 집안에 더 폐를 끼치지 않으려고, 또 빨리 사회생활을 시작하려고 일찌감치 군 복무를 자원한 것이었다. 기철 씨가 제대한 3년 뒤인 1963년 그의 가족은 초량에서 부산진구 범천2동 高地帶(고지대)로 이사

했다. 기철 씨가 자기보다 세 살이 더 많은 김금식 씨와 운명적인 인연을 갖게 된 것도 이때였다. 금식 씨는 기철 씨 옆집에서 홀어머니와 함께 가난하게 살고 있었다. 기철 씨는 범천2동에 가자마자 친구가 가진 棋院(기원)의 관리 책임자로 취직, 기원에서 먹고 자고 하면서 자립의 꿈을 키우기 시작했다. 그는 장기와 바둑을 잘 두었는데 바둑은 초단 실력이었다.

1967년 9월 기철 씨는 어느 시내버스 회사의 配車員(배차원)으로 취직, 부산진구 개금동 주차장에서 일하게 됐다. 이때 그의 나이 스물아홉. 직장다운 직장으로는 처음 가져보는 일자리였다. 워낙 성실한 기철 씨는 얼마 안 가서 결혼 자금에 보탤 만한 목돈을 모았다. 그러나 이 돈을 친구에게 빌려 주었다가 떼여버렸다. 기철 씨는 그러나 크게 실망하지 않았다. 그는 이미 키 173센티미터, 몸무게 76킬로그램의 당당한 대장부로 성장해 있었다. 너무 어진 것이 흠이긴 했지만 자신의 몸 하나는 어떤 逆境(역경) 속에서도 지켜나갈 수 있는 힘을 갖고 있는 것 같았다. 앞길이 창창할 것 같은 그에게 운명의 손길이 뻗쳐온 것은 1968년 5월4일 오후 9시쯤이었다.

〈나는 저녁밥을 먹고 집 앞에 서 있었다. 이때 남자 다섯 명이 나타나 다짜고짜 나의 손을 비틀었다. "왜 이러십니까"라고 말해도 소용없었다. 그들은 나의 양팔을 뒤로 젖힌 채 400

미터쯤 끌고 갔다. 그들은 나를 지프차에 밀어 넣고 어디론가 달리기 시작했다. 나는 어느 낯선 건물(뒤에 부산지검인 줄 알았다)에서 내려 사무실 안으로 떠밀려 들어갔다.

　나의 앞에 앉은 사람이 "내가 김태현 검사다"고 하더니 대뜸 "김금식을 아냐?"고 물었다. "이웃에 살아 잘 압니다"고 대답했다. "너 금식이와 함께 1964년 12월께 범천공원에서 아베크 남녀(注: 함께 있는 연인)가 가지고 가는 트랜지스터 라디오 한 대를 뺏어간 일이 있지?"라고 그는 물었다. 나는 "누가 그럽디까?" 하며 따지고 들었다. "금식이가 그러더라"고 검사는 말했다. "그를 만나게 해달라"고 했으나 검사는 "묻는 말에만 대답하라"고 호통 쳤다. 나는 시종 "그런 일이 없다"고만 되풀이했다. … 다음날 아홉시 나는 수갑을 차고 교도소로 갔다. 이것이 몸서리쳐지는 獄苦(옥고)의 첫날이 될 줄이야…〉(〈부산일보〉 1969년 7월29일)

廢人으로 변해간 과정

　연옥 같았던 447일의 시련을 견디고 살아 돌아온 김기철 씨는 자기 때문에 廢家(폐가)가 되다시피 한 큰형 이만 씨의 집(범천2동 고지대)에 몸을 맡겼다. 어머니 김필선 씨는 기철 씨의 출감 넉 달 전 53세에 숨을 거두었다. 어머니는 셋째 아들이 살인범이란 말을 듣고 기절한 뒤 한 해 가까이 시름시름 앓다가 아들의 無罪(무죄) 확정을 보지도 못하고 끝내 저승으로 가버린 것이었다.

"기철이가 나오고 죽어야지…."

이것이 어머니의 마지막 말이었다.

"재판정에는 한 번도 못 가시게 했지요. 어머니는 매일 드러누워 눈물로 세월을 보냈습니다. 아버지는 그때 회사를 그만두고 집에서 쉬고 계셨는데 그일 뒤로는 창피하다고 매일 바다낚시만 다니셨고 사람 만나기를 꺼리셨지요. 기철이와 가까운 사람들은 그 아이가 닭 모가지도 비틀 줄 모르는 남자라는 것을 알았겠지만 워낙 시끄럽게 신문들이 몰아붙이니 믿을 수도 안 믿을 수도 없었을 겁니다. 기철이가 살인범이라고 신문들이 너무나 자주 짖어대니 나중엔 친형인 저마저 세뇌를 당했는지 '동생이 혹시나…' 하는 생각까지 갖게 될 정도였으니까요."

김이만 씨는 "이웃에서 동정하는 말을 건네는 것조차 싫더라"고 했다. 자꾸만 "아무리 그래도 너의 동생은 사람을 죽인 놈이다"고 이웃의 눈들이 말하는 것 같더란다. 이만 씨는 고물상을 하고 있었는데 동생 뒷바라지에 바빠 장사도 제대로 할 수 없었다. 기철 씨의 형수 박두례 씨는 매일같이 면회를 간다

고[당국에선 가족과의 면회까지 금지시켜 私食(사식)만 넣어주고 돌아오곤
했다] 집을 비워 안살림도 엉망이 되어갔다. 동생 수발에 집의
기둥뿌리가 뽑혀버린 이만 씨였지만 동생의 무죄 확정 뒤에도
손해배상 청구소송은 제기하지 않았다.

"무료 변론해준 변호사님의 충고도 있고 해서 저는 단념했
습니다. 살아 나온 것만도 다행이다. 돈은 벌면 된다고 가족들
을 진정시켰지요."

이만 씨는 동생을 여섯 달 동안 자기 집에 꼼짝 못하게 붙들
어두고 개고기와 한약을 먹이며 補身(보신) 정양시켰다. 안온한
분위기를 만들어 447일 동안의 모진 진통을 잊게 하려 했다.
그러나 그게 잘 되지 않았다. 기철 씨는 사람이 달라지기 시작
한 것이다. 그 변화는 먼저 외모에서부터 왔다. 강건했던 체구
는 출소 때 벌써 크게 축나 있었는데 보신의 효험도 없이 야위
기 시작했다. 거기에다가 오른쪽 어깨가 비스듬히 내려앉기 시
작했다. 목의 근육도 비틀어지고 뻣뻣해져 마음대로 젖히거나
돌릴 수 없게 됐다. 목을 젖히려면 윗몸 전체까지 젖혀야 했다.

보이지 않는 변화는 더 심한 것이었다. 체력이 떨어져 무거
운 것을 들거나 질 수 없게 됐다.

"군대 삼촌이 휴가 오면 그 굵은 팔뚝에 매달려 턱걸이를 하
기도 했었죠. 그런데 그 억센 힘이 빠지더군요. 팔씨름을 하자

근하 군이 살해당한 골목.

고 졸라 손을 잡아 보면 아귀힘이 해가 다르게 약해지는 것을 알 수 있었습니다.”

조카 김창식 씨의 말이다. 기철 씨의 바둑 실력도 약해졌다. 질 때마다 정신 집중이 잘 안된다고 투덜댔다. 이것은 그의 정신세계에서 일어나고 있는 갈등과 퇴영의 한 조짐이었다. 또 다른 가장 불길한 조짐은 그가 외부와의 접촉을 끊기 시작한 점이었다. 조카 창식 씨는 “출소 뒤에는 삼촌이 바깥에 나가 술집에서 친구들과 어울려 술을 마시는 것을 한 번도 본 적이 없다”고 했다. 일이 끝나면 일찌감치 집에 돌아와 방안에서 홀짝홀짝 혼자 마시는 酒量(주량)이 날로 늘어갔다. 창식 씨의 눈에는 삼촌이 사람을 두려워하는 것처럼 비쳤다.

“그 일 뒤에는 친구들도 피하더군요. 골목에서 마주쳐 그 형에게 인사를 해도 외면하곤 해서 서운하게 생각했지요. 지금

생각하면 '고생했지요' 란 위로의 말조차 듣기에 진절머리가
났었지 않나 짐작합니다."(기철 씨의 한동네 후배인 이양우 씨의 말)

"신경질을 내기도 하더군요. 형에게 반항한다는 것은 생각
할 수도 없었던 동생인데 가끔 대들기도 하는 거예요. 때로는
좀 멍해져 보이기도 합디다. 정신이 나간 것처럼 행동에 절도
가 없고 반응이 느려지기 시작했습니다."(김이만 씨의 말)

큰형에게만은 가끔 연옥 같았던 447일 동안의 기억을 털어
놓았다.

"형님, 지금 생각하니 내가 여섯 번 죽었다가 깨났네요."

"자다가 생각해도 괘씸하다"

원래 말이 느린 기철 씨는 떠듬떠듬 악몽을 되살려갔다. 미리
짜놓은 것 같은 각본의 배역에 기철 씨를 끼워 넣는 우격다짐
수사, 친구의 터무니없는 모함, 결백을 아무리 외쳐도 묵묵부
답인 벽 같은 사람들, 자다가 끌려 나가 당한 한밤중의 모진 신
문, "저놈 죽여라!"는 현장 검증 구경꾼들의 저주, 생전 얼굴도
모르는 청년이 나타나 "네놈이 이렇게 죽이라고 시켰지 않았느
냐?"고 대들던 장면, "너를 재우면 우리가 혼나게 돼 있다"면서
신문을 받고 들어와 꾸벅꾸벅 조는 그를 차고 때리던 감방 동

출소 1년 후의 김기철 씨 모습. 어깨가 내려앉고 몸도 약골로 변해버렸다.

기생들, 믿었던 판사가 자신의 목숨을 요구했을 때의 허무감, "자다가 생각해도 괘씸하다"고 법정에서 호소할 때 자신을 향한 그들의 싸늘한 웃음, 집요하게 그의 死刑(사형)을 요구하던 검사가 패배가 확정되자 던진 선물—"이 사건의 진범은 바로 무죄 확정 판결을 받은 저들이다. 대한민국의 숟수사력을 동원한다 해도 다른 진범을 찾을 수는 없을 것이다"는 영원한 의혹의 꼬리표, 이런 소름끼치는 사연들을 큰형 아닌 다른 사람들에게 설명해보았자 값싼 동정 이외에 별다른 소득이 없을 것이라고 기철 씨는 생각했을 것이다. 그래서 그는 아예 입을 다물어버리기로 결심했던 것 같다. 마음속에서 부글부글 끓는 울화는 입을 통해 배출되지 못하고 안으로 곪을 것이었다.

기철 씨는 형 집에서 몇 달 쉬었다가 여수 뱃머리 근처의 하역회사 검수원으로 취직했다. 공교롭게도 이곳은 근하 군의 시체가 버려진 시청 뒤 해안통과 붙어 있는 곳이었다. 기철 씨가 그곳을 지나칠 때마다 잊고 싶은 기억들이 망령처럼 되살아나 그를 괴롭히지 않았을까?

여기 또 한 장의 사진이 있다. 기철 씨가 檢數員(검수원) 시절 때 작업 현장에서 찍은 것이다. 교도소를 나온 지 1년쯤 지났을 때였다. 교도소를 나올 때의 사진과 비교하면 5, 6년이 흐른 것 같은 변화를 읽을 수 있다. 오른쪽 어깨는 축 처져 있고 얼굴에선 1년 전의 그 천진한 웃음이 달아나버렸으며 탄력이 빠진 것 같은 안면 근육은 그를 31세의 한창때 청년답지 않게 無力(무력)하게 보이게 하고 있다. 불과 1년 時差(시차)의 두 사진에서 우리는 중요한 무엇이 그에게서 빠져 달아났음을 感知(감지)할 수 있다. '순해빠진' 이 청년에게 소리 없이 다가오고 있는 운명의 그림자를 그가 눈치 채고 있었는지는 알 길이 없다.

정신병원에 입원

근하 삼촌 최형욱 씨는 1년2개월 만에 '조카를 죽인 흉악범' 의 누명을 벗고 無罪(무죄) 석방되자 곧 부산을 떠났다. 환경을 바꾸지 않고는 살 수 없다고 판단했던 것이다. 신문기자가 구성한 여동생(근하 어머니)의 手記(수기)라는 것이 '나는 오빠를 저주한다'는 제목으로 형욱 씨에 대한 惡談(악담)으로 차 있었지만 그는 동생의 처지를 이해했다고 한다. "그들(동생과 매부)도 나와 같은 피해자란 것을 알고 나왔기 때문에 아무런 유감도 생기지 않았습니다."

몇 신문기자들은 아무런 증거도 없이 근하 아버지를 밀수로 치부한 인물, 형욱 씨를 共犯(공범)이라고 몰아붙이고 검찰 수사요원들은 근하 아버지와 형욱 씨 사이를 이간질시켰다. 그러나 교도소에 있었던 1년 남짓한 세월 동안 형욱 씨는 기자와 수사관들을 '믿지 않는 지혜'를 터득했고 근하 가족들도 형욱 씨에 대한 오해를 이미 풀었던 것이다.

형욱 씨는 그러나 부산에서 낯익은 사람들을 만나는 게 싫었다. 상대방이 아는 체를 해도, 안 해도, '욕봤다'는 인사를 해도, 안 해도 꺼림칙한 것은 마찬가지였다. 자신을 대하는 태도가 뭔가 다르게 보이기만 했다. 破紙(파지) 수집상을 하면서 익혀둔 안면들이 이젠 귀찮기만 했다. 6·25 때 월남하여 한 번 失鄕民(실향민)이 됐던 그는 자신을 알아주는 사람이 없는, 낯선 사람들만 있는 他鄕(타향)으로 가고 싶었다. 그래서 그는 아내와 젖먹이 딸을 데리고 대구로 이사를 가버렸다.

기철 씨가 검수원으로 취직, 연옥 같았던 그 악몽에서 깨어나려고 몸부림치고 있을 때 전경렬 씨에게도 변화가 왔다. 암자에서 정양 중인 그에게 入營(입영)영장이 나온 것이었다. 그도 도저히 군복무를 할 수 있을 만한 건강 상태가 아니라고 생각했으나 입영 연기를 하지 않고 입대했다. '막가는 심정으로' 이를 악물고 그는 군복을 입었다. 이제 그의 인생행로는 결정적으로 바뀌어버렸음을 그는 알았다. 재수를 한 뒤 다시 국립대학교 入試(입시)에 응시한다는 그의 계획은 좌절되고 대학 입학의 꿈은 포기되었다.

그는 훈련 뒤 일선에 배치됐다. 여기서도 그의 이름을 기억하는 사람들과 만났다. 그는 석 달 만에 병이 재발, 광주의 군 정신병동에 입원했다. 두 달 뒤 그는 다시 일선으로 돌아왔다.

"저는 제대될 줄 믿었습니다. 부대 복귀 명령을 받고 돌아오는 차안에서 앞으로 두 해 반을 어떻게 보내나 생각하니 아득하기만 하더군요. 그러나 결정적으로 군대 생활이 저를 구해주었습니다."

그는 부대에 돌아온 뒤부터 모든 것을 포기했다. 그리고 모든 것을 피하지 않고 받아들이기로 했다. 궂은 일, 사역, 보초 근무를 자원했다. 한밤중에 혼자서 총을 들고 휴전선을 응시하고 있을 때가 그는 가장 좋았다. 서서히 그의 마음이 정돈돼가는 것을 느꼈다. 규칙생활, 단련, 고독이 놀라운 치료 효과를 내기 시작했다. 귀신같은 잡념이 물러가고 평화가 참으로 오래간만에 그의 마음속에 깃들기 시작했다. 그는 많이 건강해진 몸으로 제대를 할 수 있었다. 다만 군에서 무릎을 걷어채어 양쪽 다리에 관절염이 생긴 것이 흠이었는데 이런 육체적 고통에 비할 수도 없는 '속골 쑤시는 신경성 아픔'이 많이 가신 것으로 위안을 삼았다. 제대 뒤 그는 곧 어느 제조업체의 경리사원으로 취직, 자립의 길에 들어섰다.

여자도 떠나가고

김기철 씨는 검수원으로 한 해 남짓 일하다가 1971년께 그 자리를 그만두어버렸다. "몸이 아파 드러눕는 날이 많아 결근이 잦았다"고 형 이만 씨는 말한다. 뚜렷한 病名(병명)도 없이 '머리가 쑤신다', '목과 가슴이 조인다'고 괴로워했고 그 아픔을 잊으려고 안주도 없이 깡소주를 마시곤 했다. 그 뒤로도 기철 씨는 불량주택 철거 공사장의 경비나 건축 공사장의 가벼운 일을 맡아 했으나 안정된 직장을 좀처럼 구할 수 없었다. 기철 씨의 한동네 후배인 강상만 씨는 범천2동 무허가주택 철거 공사장의 경비원으로 일하던 '기철 형'을 출소 뒤 처음 만나고 깜짝 놀랐다고 한다.

"기가 푹 죽어 있더군요. 옛날에도 결코 빠릿빠릿하지는 않았으나 듬직한 체구에 저력이 있어 보였는데 사람이 작아진 것 같고 야간 경비도 제대로 감당 못할 만큼 쇠약해 있었습니다. 몸이 완전히 갔더군요.”

이즈음, 그러니까 1972년 무렵 기철 씨는 한 여자와 만나게 된다. ‘규원이(가명) 엄마’라는 이웃집 과부였다. 규원이 엄마는 기철 씨보다 나이가 여섯쯤 많았다. 그녀의 죽은 남편은 형 이만 씨의 친구였다. 이 여자와 기철 씨는 가깝게 지내다가 동거를 시작했다. 기철 씨의 가족들은 나이 차이와 그 과부가 죽은 남편 사이에서 난 남자아이를 데리고 사는 점을 들어 동거를 말렸으나 기철 씨는 막무가내였다. 기철 씨는 범천2동 산동네에 구멍가게를 펴놓고 있던 과부의 집으로 거처를 옮겼다.

기철 씨는 5년간의 동거 끝에 이 여자와 헤어졌다. 여자가 먼저 서울로 이사를 가는 행동으로 헤어지자는 뜻을 나타냈다. 기철 씨는 두서너 번 서울로 따라가 계속 같이 살자고 졸랐으나 거절당했다. 왜 두 남녀가 헤어졌는지는 알 수가 없다. 김이만 씨는 이렇게 말했다.

“처음엔 사이가 매우 좋았는데 차츰 벌어지더군요. 그 이유는 아마도 기철이나 그 모진 신문을 받은 뒤로는 그것을 못 쓰게 된 때문이 아닌지 모르겠습니다. 아이를 낳아본 여자와 5년을 같이 살았는데도 출산이 없었다는 것은 무엇을 뜻합니까?

그것도 모두 그놈들 때문이죠. 기철이가 술에 빠지게 된 것도 그 때문이라 생각합니다. 술 말고는 무슨 낙이 있었겠습니까?”

기철 씨의 불능설은 옛 친구들 사이에도 쫙 퍼져 있었다. 그것이 사실이라 해도 그 원인이 연옥 같았던 447일 동안의 고통 때문인지는 판단하기 어렵다.

동거 생활을 청산한 기철 씨는 1978년 무렵 산 중턱에서 다시 범천2동 33통 산꼭대기 부근으로 거처를 옮겼다. 부산에서 주거지의 高度(고도)가 높아진다는 것은 곧 생활 정도가 고도에 반비례하여 낮아진다는 것을 뜻한다.

기철 씨가 이사 간 곳은 ‘안창 마을’로 불리는 유명한 빈민 동네였다. 오륙도와 아치섬, 영도 및 부산항이 한눈에 내려다보이는 해발 200미터 가량의 산기슭에 성냥갑들처럼 무허가 주택들이 다닥다닥 붙은 마을이다. 기철 씨가 15만원에 산 2평짜리 집은 이 마을에서도 맨 위쪽에 자리 잡고 있었다. 시멘트를 조잡하게 이겨 붙여 벽을 만들고 슬레이트 지붕을 얹은 온통 회색 칠의 단칸방이었다. 이곳 주민들은 거의가 공사장 노무자, 신발 공장 노동자, 행상, 외판원들이다. 일자리를 잃은 사람, 병든 사람, 파산한 사람들도 많아 낮에 이곳을 지나면 잠옷 차림의 病色(병색) 짙은 남자들이 거리에 나앉아 있는 모습들이 곳곳에서 눈에 뜨인다.

기철 씨는 이곳으로 옮긴 뒤 동래구 거제동에 있는 봉제공장의 경비원으로 취직했다. 안창 마을에 사는 정 모 씨를 그 공장에 소개, 두 사람은 경비원으로 함께 일하게 됐다.

1978년 기철 씨는 큰형에게 "아들을 하나 달라"고 했다. 아이를 만들 수 없는 자신의 신세를 한탄하면서 그렇게 졸랐다. 이만 씨는 "골라 가라"고 했다. 기철 씨는 평소부터 점찍어 두었던 듯 이만 씨의 둘째 아들인 창식 씨를 선택했다.

"내가 죽으면 제사라도 지낼 사람이 있어야 할 것 같아서…"라고 기철 씨는 중얼거렸다. 그의 입에서 죽음이란 말이 나온 것은 그때가 처음이었다. 창식 씨는 친아버지 집에서 살면서 자주 양아버지가 된 삼촌을 찾아뵙고 말동무가 되어주곤 했다.

다가오는 죽음의 그림자

안창 마을 사람들은 기철 씨를 '과거에 무슨 일로 형무소에 갔다 나온 사람'으로 알고 있었고 지금도 그렇다. 그래서 기철 씨와 가까이 하기를 꺼린 사람들도 많았다. 기철 씨와 가깝게 지냈던 박덕구 노인은 "그 사람은 자기의 과거 이야기는 한 번도 입에 올리지 않았으므로 몇 년 친하게 지냈지만 옥살이가 억울한 것이었다는 사실은 몰랐다"고 했다.

"언젠가 한번 술을 마시더니 서류 보따리를 꺼내 보여주면서 이걸 읽어보겠느냐고 합디다. '좋다, 보자'고 했더니 다시 서류를 집어넣으면서 '나중에 보여주겠다'고 발뺌하더군요. 그것이 무엇인지 그 뒤로는 관심도 두지 않았습니다."(이웃 전치근 씨의 증언)

이웃 사람들에겐 '형무소 다녀온 사람'으로 알려져 있었고 그래도 변명 한마디 늘어놓지 않았던 기철 씨였지만 그 억울과 고통의 기록만은 소중히 간직하고 있었다. '이것만 있으면 변명을 구차하게 늘어놓지 않아도 나의 결백은 증명된다'고 생각했던지 기철 씨는 늘 그 문서 보따리를 머리맡에, 또는 요 밑에 깔고 잤다는 것이다. 기철 씨가 교도소를 나올 때 왼손에 들고 나온 이 서류 보따리엔 재판 기록과 함께 그가 감방 안에서 써둔 두툼한 수기가 들어 있었다.

안창 마을 사람들에게 기철 씨는 또 '술을 밥 먹듯 하는 사람'으로 알려져 있었다. 술친구 노릇을 여러 번 했다는 박덕구 씨는 "퇴근하는 길에 자주 나를 찾아와 소주를 마셨는데 주정하는 일은 단 한 번도 없었다"고 말했다. 술이 들어가면 더욱 과묵하게 되는 그는 時局談(시국담)이나 자기 과거사는 절대로 입에 담지 않았으며 꼭 필요한 농담만 몇 마디 하다가 "자러

갈랍니다"며 자리를 털고 일어나 불 꺼진 그의 오막살이로 가 버리곤 했다는 것이다.

"서울에 한번 올라가야 할 텐데… 서울에 꼭 한번 가야 하는 데…."

술로 고통의 기억을 씻어내려고 폭음을 거듭하던 기철 씨는 가끔 이렇게 중얼거리곤 했다. 서울에 올라가 김태현 검사를 만나야겠다는 뜻이었다. 양아들 창식에게는 딱 한 번 "금식이 때문에 내가 이 지경이 됐다"면서 자기를 근하 군 살해사건의 범인 조작극에 물고 들어간 친구를 원망했다고 한다[금식 씨는 "前科(전과)가 없는 깨끗한 기철 씨를 끌고 들어가면 나중에 이 각본에서 발 뺌하여 나의 무죄를 입증하는 데도 수월할 것 같아서 그렇게 했다"고 말했 었다].

이만 씨에 따르면 출소 얼마 뒤 김금식 씨는 정종 병을 하나 사들고 자기에게 사과하러 왔더란 것이다.

"금식이의 얼굴을 보니 갑자기 가슴이 꽉 메이고 눈앞이 캄 캄해지고 말이 안 나오더군요. 꿇어앉아 있는 금식이에게 겨우 '그러면 못 쓴다'고 한마디 했더니 슬금슬금 달아나버립디다. 그 자리에 더 있었다면 내 손에 맞아 죽었을 겁니다."

기철 씨는 1979년 가을 봉제공장 경비원 자리도 그만두었 다. 몸이 더 지탱할 수 없었던 것이다. 그 뒤 그는 본격적으로 드러누워 버렸다. 이제 그는 급속도로 쇠약해져갔다. 몸은 바짝바짝 마르고 밤만 되면 가슴이 쑤신다고 했다. 비탈길을 오르면 숨이 가빴고 기침을 길게 자주 했다. 100미터쯤 떨어진 큰형 집까지 내려오는 데도 여섯 번이나 쉬어야 할 정도였다. 그래도 병원에 입원할 여유가 없었다. 한의원에서 약을 지어와 먹는 것이 고작이었다.

기철 씨는 病中(병중)에도 친척이나 이웃의 금전적인 도움을 일체 받지 않았다. 경비원 근무 때 모아둔 돈으로 그는 생계비와 약값을 대었다. 남에게 신세를 지는 것을 극도로 싫어했던 기철 씨는 혼자서 몸을 일으키기도 어려울 만큼 병세가 악화되자 머리맡에 전등 스위치와 溫水(온수)를 끓이는 커피포트 비슷한 시설을 해놓고 될 수 있는 대로 남의 도움을 받지 않고 생활하려 했다. 양아들이 오면 벽에 비스듬히 기대게 해달라고 해서 책을 읽거나 볼펜으로 그림을 그리기도 했다. 그가 病席(병석)에서 즐겨 읽던 책은 무협소설과 애정소설이었다.

힘과 사랑. 둘 다 그가 이 세상에서 진정하게 소유해본 적이 한 번도 없었던 주제였다. 그래서 상상으로나마 이 세상에서 '힘'이란 것이 정말 어떤 것인지, 正義(정의)란 것은 힘과 어떤 관계에 있는지, 사랑이란 무슨 맛을 가졌는지를 알고 느껴보려 했던 것인지도 모른다. 이즈음부터 기철 씨는 "내가 빨리 나아야 서울에 올라갈 텐데…"란 말을 자주 되풀이했다.

"한 번은 만나야 된다, 한 번은 올라가야 한다…."

未決(미결)로 남겨놓은 恨(한)을 빨리 풀어야 하겠다는 조바심은 자신의 생명에 대한 어떤 예감 때문에 더욱 강해졌을 것이다.

1980년 2월 기철 씨는 창식 씨의 부축을 받고 이만 씨의 집으로 내려왔다. 祖母(조모)의 제삿날이었다. 이 자리에서 기철 씨는 큰형에게 "형님, 아무래도 여름을 넘길 수 없을 것 같습니다"고 했다.

"형제들 앞에서 그게 무슨 말이냐!"

이만 씨는 호통을 쳤지만 자지러지는 기침을 조카들 앞에서 보이기 싫다면서 비탈길을 허우적거리며 자기 집으로 올라가는 동생의 뒷모습에서 그날이 다가오고 있음을 느낄 수 있었다고 한다. 기철 씨는 그 무렵 집을 팔았다. 45만원을 받고 마산에 사는 전병길 씨에게 판 뒤 다시 20만원을 주고 같은 방에 專貰(전세) 들었다. 나머지 25만원으로 그는 동네 구멍가게에 진 빚을 다 갚고 잉어국을 끓여달라고 형수에게 몇 만원을 주었다.

양아들 창식에겐 "죄짓고 살아선 안 된다", "형수가 나 때문에 고생했다. 할아버지에게 잘해드려야 한다. 내 제사를 부탁한다"는 유언 비슷한 말을 하기도 했다. 서류 보따리를 가리키면서 "내가 죽더라도 이걸 잘 보관하고 있어라. 너에게 혹시 큰 득이 될지 모른다"고 당부도 했다.

再起에 성공한 '초대 眞犯'

한편 전경렬 씨는 세파를 꿋꿋하게 헤치며 나갔다. 1976년에 회사를 옮겨 사상공단에 있는 큰 식품제조업체의 총무과에 들어갔다. 1978년 1월엔 옷 맞춤집을 경영하던 처녀와 중매결혼을 했다.

"결혼 같은 것은 생각도 안했는데 선을 본 뒤 저 여자 같으면 나를 이해해줄 것이란 믿음이 생겼습니다."

결혼 뒤에도 두 부부는 맞벌이를 계속했다. 두 해 전에는 비록 빚을 내기도 했지만 부산대학교 부근에 時價(시가) 3000만 원쯤의 '내 집'도 장만했고 경렬 씨의 남자 됨을 입증하는 딸도 갖게 됐다. 동대신동에 살던 노부모와 남동생들까지 데리고 와 一家(일가) 3대가 단란하게 살고 있다.

"그렇게 봐주시니 고맙습니다만 저는 아직도 그 악몽에서 완전히 깨어나지 못했다고 생각합니다. 아직도 약과 떨어질 수 없는 병자입니다. 내가 누워버리면 집안이 엉망이 된다는 것을 잘 알고 있기 때문에 깡으로 버티는 겁니다. 젊은 놈이 신경통에 걸려 있질 않습니까, 책이나 신문을 읽습니까? 활자나 숫자를 보면 자꾸만 골똘한 생각에 빠져들어 머리가 이상하게 되는 겁니다. 그래서 무엇을 읽는다는 게 겁이 나요. 선생님에게 오늘 이렇게 말씀드린 죄로 해서 오늘 밤엔 잠을 못 이룰 겁니다. 간혹 그 나흘간의 기억이 되살아납니다. 그러면 걷잡을 수 없는 분노에 휘말려드는 것을 느껴요. 그 사건은, 저에게 4년보다도 더 긴 나흘이었습니다."

요즘도 자기 이름을 보고 그 사건을 얘기하는 사람들을 만날 때가 있다고 한다. 동대신동엔 그가 죽었다는 말도 퍼져 있다고 한다. 시간이 흐를수록 그 나흘간의 기억은 새로워지기만 한다고 했다.

"저는 신문에 대해선 별 유감이 없습니다. 저를 범인으로 꼽고 사진까지 실었던 그들이지만 그렇게 떠들어주지 않았으면 저는 더 오래 끌려 다니며 고통을 당했을 겁니다. 또 저의 가정교사 제자들을 찾아가 저의 알리바이를 증명해주신 분들도 기자들 아니었습니까? 6·25 상이용사인 아버지를 기자들이 불구자라고 쓰고, 그렇기 때문에 나의 성격이 비뚤어졌을 것이라고 거짓말을 해갈 땐 원통했습니다만 모든 것이 배경이 없었던 때문이 아니었겠습니까? 이런 얘기는 다시 하고 싶지 않지만 나의 교훈이 기록으로 남겨져 경찰의 마구잡이 수사를 고치는 데 보탬이 된다면 좋겠습니다."

담담하게 말하는 아들 옆에서 그의 어머니가 "며느리가 알게 되면 어쩌나?"고 울상을 짓는다.

"그 사람도 알고 있어요. 몇 달 전에 내 문패를 보고 누가 그 사건을 아느냐고 집사람에게 묻더랍니다. 그때 비로소 저도 결혼 뒤 처음으로 그 일을 아내에게 털어놓았죠."

아내에게조차 말하기 싫은 기억을 되살려낸 미안감에서 나는 서둘러 일어났다. 저녁을 먹고 가라는 경렬 씨 一家의 권유를 뿌리친 나는 비교적 밝은 마음으로 대문을 나설 수 있었다.

"벌써 14년이나 됐습니까? 1년만 지나면 그놈을 잡아도 벌을 줄 수 없다는 말이죠?"

55세의 半노인이 된 최형욱 씨는 감개무량한 듯 이렇게 입을 뗐다가 김태현 검사와 김금식 씨의 근황부터 나에게 물었다. 1981년 7월 서울 교외에서 아내와 함께 나를 만난 최 씨는 억센 함경도 사투리로 연옥 같았던 일 년 두 달을 얘기했다. '소설 꾸미는 짓'이란 말을 되풀이 써가며 그는 "범행을 수사 단계에서부터 부인한 것은 나와 기철 씨뿐이었고 그 때문에 우리 두 사람이 가장 많이 당했다"고 말했다.

최 씨는 부산을 뜬 뒤 대구에 몇 년 있다가 서울로 올라와 작은 음식점을 경영하고 있었다. 깡마른 몸집에 검게 탄 얼굴이 건강체인 것처럼 보이게 하지만 그도 전경렬 씨처럼 속병을 앓고 있었다. 신경통에다가 허리가 성하지 못해 날씨만 찌푸려지면 뼈마디가 쑤시고 그때마다 기억하기도 싫은 그 생각이 자꾸 떠올라 울적해진다는 것이었다. 수사관과 신문기자들의 이간질이 있었음에도 불구하고 근하 집과는 지금도 자주 교류가 있다고 했다.

그도 교도소를 나올 때 재판 기록을 갖고 왔다. 그러나 손해배상청구소송을 제기하여 그 문제를 다시 곱씹고 싶지 않았다. 아이들이 커가자 혹시 재판기록을 보게 되지 않을까 하는 염려가 생겼다. 그래서 몇 년 전 최 씨의 아내가 그 기록을 불태워 없애버렸다고 한다.

"딸애가 중학교에 다니는데 무척 영리하단 말예요. 그걸 읽으면 나를 동정하기 전에 못난 아빠라고 비웃지 않겠어요?"

가장 가까운 혈육과도 나눠 가질 수 없는 원한의 응어리를 가슴에 간직한 채 그는 살아갈 모양이었다.

"한번 멋지게 살아보지도 못하고…"

모진 추위가 물러가고 안창 마을에도 봄이 찾아왔다. 놀이터에서는 다시 어린이들의 생기 찬 소리들이 들려왔고 하늘과 가까운 기철 씨의 두 평짜리 집 근처 언덕에서도 파란 새싹들이 돋아나기 시작했다. 생명의 존귀함과 끈질김을 다시 한 번 깨우쳐주는 화사한 봄의 나날들 속에서 기철 씨는 외롭게 시들어가고 있었다.

교도소를 나온 뒤 그 스스로가 사람들을 멀리한 탓으로 찾아오는 친구들은 아무도 없었다. 안창 마을에 이사 온 이후 사귄 사람들, 나이가 모두 기철 씨보다 훨씬 많은 그들이 가끔 음식을 해와 억지로 먹이곤 했다. 이틀에 한 번씩 찾아오는 양아들 창식이 대소변을 받아내야 할 지경에 이르렀다. 몸이 성치 못한 이웃의 전치근 씨와 박덕구 씨가 가끔 기철 씨의 방을 찾아와 말동무가 돼주기도 했다.

어느 날 기철 씨는 창식 씨 앞에 장부를 내놓았다. 홀로 살면서 꼼꼼하게 적은 가계부였다. 기철 씨는 조카에게 외상 진 상점과 돈 받을 사람들을 가르쳐주었다. 나중에 기철 씨의 빚을 다 갚고 나니 받을 돈이 15만 원쯤 남더란 것이다. 기철 씨는 그를 파멸로 이끈 이 사회에 조그마한 빚도 남기고 싶지 않았던 모양이었다. 기철 씨는 또 창식 씨에게 "내가 죽거든 시계, 라디오, 텔레비전을 네가 가져라"고 말하고 거듭 "내 제사를 부탁한다"고 했다.

기철 씨의 병세가 위급해지자 아버지 김우근 씨도 자주 들르게 됐다. 기철 씨 때문에 아내와도 일찍 死別(사별)하고 가슴에 못이 박혀버린 김 노인은 용호동의 어느 주차장에서 계수원으로 일하며 혼자 지내고 있었다. 그는 죽어가는 아들의 머리를 쓸면서 "연애도 한번 못해본 이 자식아…"라고 하염없이 눈물을 흘렸다.

기철 씨는 이제 서서히 정신을 잃어가기 시작했다. 헛소리가 자주 새나왔다. 주로 간호를 하는 양아들에게 하는 말이었다.

"죽어도 물려줄 것이 없구나…."

"한번 멋지게 살아보지도 못하고…."

"네 어머니에게 잘해드려라."

"나으면 나하고 서울 가자. 내 한 몸 죽더라도 너 하나는 호강시켜주겠다."

이런 헛소리 사이사이로 그는 소리 없이 눈물을 흘리기도 했다. 그래도 원한에 사무친 악담은 한 번도 하지 않더라고 가족들과 이웃들은 증언하고 있다. 창식 씨에게만은 '그놈의 자식 때문에…' 라고 신음하듯 내뱉기도 했으나 긴 말을 하지 않았다고 한다.

그날도 창식 씨는 나무토막들을 주워 모아 감싸 들고 비탈길을 올라갔다. 신발 공장에 다니는 그는 어머니와 번갈아가며 기철 씨를 간호하고 있었다. 아궁이에 나무토막을 쑤셔 넣어

김기철 씨는 부산항이 내려다보이는 산 꼭대기 '안창 마을'에서 조용히 죽음을 맞았다.

불을 피운 뒤 방에 들어갔더니 기철 씨가 힘없이 말했다.

"창식아, 너 어디 있었노? 얼마나 찾았다고…."

그리고 스르르 잠에 빠져들었다. 창식 씨는 밤늦게까지 기철 씨를 지키고 있다가 집으로 내려왔다.

이웃에 사는 전치근 씨가 문병 왔다가 기철 씨 옆에서 같이 잠에 빠졌다. 새벽 네 시쯤 됐을까, 눈을 뜨고 기철 씨를 불러보니 대답이 없었다. 흔들어 봐도 기척이 없다. 벌떡 일어나 정강이를 만져보니 싸늘하게, 뻣뻣하게 굳어 있었다. 그의 마흔세 번째 생일을 두 달 앞둔 춘삼월의 새벽이 부옇게 밝아오고 있었다.

'총각 귀신'이 되다

1980년 3월14일 오후 〈국제신문〉 사회부장 장양수 씨는 모르는 사람으로부터 전화를 받았다.

“김금식 씨 아시죠?”

“알지요.”

장 부장은 근하 사건 재판을 취재하면서 김금식 씨와는 낯이 익었던 것이다.

“그분 부탁으로 전화를 거는데요. 김기철 씨가 지금 다 죽어가고 있답니다. 신문에 내서 치료비라도 좀 보태주는 게 좋겠다고 합디다….”

다음날 장 부장은 기철 씨 집에 이문섭 기자를 보냈다. 李 기자가 알려온 것은 기철 씨가 마침 그날 새벽에 죽었다는 소식이었다.

“백지처럼 깨끗한 청년이었는데….”

장양수 씨는 조사부에서 갖고 온 기철 씨의 천진난만한 ‘童顔(동안)’을 바라보며 가슴에 닿는 슬픔 같은 것을 꾹 눌렀다.

기철 씨의 시체는 가벼웠다. 창식 씨는 “50킬로그램밖에 나가지 않았을 것이다”고 했다. 한창 때 80킬로그램에 육박했던 몸이었다.

“옷을 벗겨보니 어깻죽지와 가슴 전체에 울긋불긋한 멍 같은 반점이 퍼져 있더군요. 삼촌이 저것 때문에 밤만 되면 아프다고 술을 잡수셨다고 생각하니 눈물이 납디다.”

가족들은 기철 씨의 거의 비틀어진 목과 내려앉은 어깨를 바로 펴고 염습을 끝낸 뒤 관 속에 넣었다. 한의사가 사망진단서를 뗐지만 기철 씨의 病名(병명)을 가족들도 아직 모르고 있다. 엑스선 사진에는 폐가 이상이 없는 것으로 밝혀졌다느니, 죽기 전에 황달기가 있었다느니 하지만 진찰다운 진찰을 받아본 적이 없는 기철 씨였으므로 직접 死因(사인)이 된 病名은 확실치 않다. 이웃에선 폐결핵으로 알고 있지만.

다음날 기철 씨의 시신은 당감동 화장장에서 한 줌의 재로 변했다. 무지막지한 폭력수사에도 몸으로 때우며 조금도 굴하지 않고 시종일관 '나는 결백하다' 고 버티었던 그 육체는 수천 도의 불길 속에서 연기가 돼 사라져갔다. 창식 씨는 화장장 뒷산으로 올라가 파릇파릇 돋아나는 새 생명들 위에 묵은 생명의 파편들을 뿌렸다. 김우근 씨는 '아비보다 먼저 간 불효자식' 의 주검을 떠나보내며 실성한 듯 몸부림치며 울부짖었다.

가족들은 개금동의 어느 절에 기철 씨의 위패를 안치, 총각 귀신의 원혼을 달래줄 것을 부탁했다.

몇 달 뒤 큰형 이만 씨는 또 한 번의 화장식을 가졌다. 기철 씨의 그 기록집을 부산항이 눈 아래 보이는 마당에서 불질러버린 것이다. 이만 씨는 바위 같은 주먹으로 자기 머리를 꽝꽝 치고 눈물을 펑펑 쏟으며, 불꽃과 연기를 노려봤다. 기철 씨가 감방에서 편지지와 갱지 위에 깨알처럼 적어 넣은 뒤 세 권으로

묶어두었던 그의 手記(수기)는 출소
뒤 한 번도 남에게 읽히지 못하고
재로 변해버린 것이었다.

"그 기록 뭉치만 보면 진절머리
나는 생각이 떠올라 못 견디겠습디
다. 누구는 그걸 가지고 검사를 찾
아가자고 했습니다만 손해배상청구
까지 포기한 우리가 이제 와서 이것
으로 흥정을 할 수 있겠습니까? 집
안에 두면 잡념만 생길 것 같아서

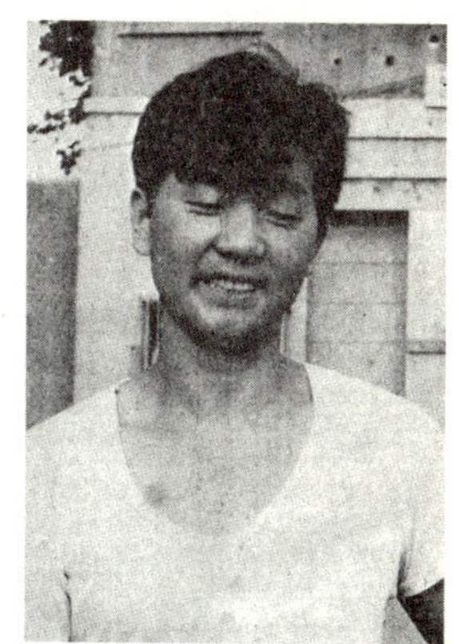

'살인귀'라는 누명을 쓴
김기철 씨.

불태웠죠. 선생님 같은 사람이 찾아오실 줄 알았더라면 그러지
않았을 텐데…."

내 앞에서 김이만 씨는 혀를 끌끌 차면서 자신의 경솔한 행
동을 후회했다.

1981년 7월12일 기철 씨의 아버지마저 뇌출혈로 세상을 하
직했다. 향년 69세였다. 어머니는 아들에게 덮어씌워진 '살인
마의 가시관'이 벗겨지는 것도 못 보고, 아들은 그 누명의 굴
레에서 영원히 탈출하지 못한 채 恨을 품고 죽어갔으며 아버지
는 두 사람의 죽음이 준 전기고문 같은 고통을 쓸어안고 걷다
가 고목처럼 쓰러져버린 것이다.

2장

인형극: 연출가와 꼭두각시와 구경꾼들

김금식의 양심: '법에의 복수'

김이만 씨는 요절한 동생 기철 씨가 간직해왔던 재판 기록과 手記(수기)를 불태워 없애버림으로써 그 지긋지긋한 기억을 지워버리려 했다. 나는 거꾸로 이 기억을 되살려내려 한다. 관계자들의 증언과 기억의 파편들을 주워 모으고 기록의 조각들을 찾아내 끼워 맞춤으로써 그 사건을 복원할 것이다. 그리하여 김기철 씨를 요절낸 '범인들'을 가려낼 것이다.

십 년도 넘게 흐른 옛 사건을 새삼 들춰내어 누구를 나무라고 괴롭히려는 게 아니다. 이 사건 속에 파묻힌 개인체험을 우리 사회의 공동체험으로 승화시켜 거기서 어떤 교훈을 끄집어내기 위해서는, 그리하여 그런 불행을 되풀이하지 않도록 만들기 위해서는 어둠 속에서 색이 바라진 옛 기억과 기록들을 다시 햇빛 아래 내어놓는 작업이 필요할 것이다. 피해자들의 아픔을 되살리자는 뜻이 아니라 그 고통을 나누어 갖자는 의도이며, 수사관이나 기자들의 잘못을 캐내려는 게 아니라 그 잘못을 오늘과 내일의 수사관들과 기자들 앞에 하나의 경고로 세워두자는 뜻이다. 이것은 '흘러간 사건을 되씹는 것이 오늘에 와서 무슨 의미가 있느냐' 는 물음에 대한 답이기도 하다.

무고한 전경렬 씨를 범인으로 지목했다가 혼이 났던 경찰과 기자들은 전 씨를 풀어준 1967년 11월 초순 이후엔 수사나 취재에 다같이 시들해졌다. 경찰은 수사본부 요원들을 서부산경찰서 자체요원만으로 크게 줄였다. '우리나라 경찰은 한두 달 사이 초장에 범인을 못 잡으면 수사를 사실상 포기한다' 고 믿는 사건기자들도 '근하 사건은 이걸로 끝이다' 고 생각하며 사건에 쏟던 신경을 늦추기 시작했다. 해가 바뀌자 근하 군 살해사건은 '김신조 일당의 서울 침투사건' 이나 '푸에블로호 납치사건' 같은 잇단 대사건에 가려 서서히 잊혀져 가고 있었다.

부산교도소 4숨(사) 10호실 감방. 형사와 기자들이 손을 떼려고 하는 근하 사건에 뒤늦게 열을 올리고 있는 사나이가 있었다. 그는 창살 밖에서 찾아오는 초봄의 溫氣(온기)를 느끼며 하나의 드라마를 구상하고 있었다.

김금식.

그때 서른세 살이었던 이 건장한 남자는 폭력 등 처벌에 관한 법률 위반혐의로 징역 여덟 달의 확정판결을 받고 복역 중이었다. 그는 자신이 억울하다고 생각하고 있었다. 술김에 치고받고 한 것은 사실이지만 자기는 얻어맞은 쪽이다. 그런데도 경찰은 상대를 풀어주고 자기만 구속시켰다. '머리 좋고 공부도 많이 한' 검사와 '현명한' 판사도 자신의 억울함을 풀어주지 않았다. 자기가 폭력 前科者(전과자)이기 때문에 이런 대우를 받는다고 그는 자기 나름대로 풀이했다.

〈나는 철석같이 법을 믿었던 자신의 어리석음을 원망했다. 그래서 경찰, 검찰, 법원을 다 함께 농락하여 망신시킬 각본을 쓰기로 결심했다. 나를 믿어주지 않는 '법'에 복수하기로 한 것이다〉(〈국제신보〉 1969년 12월6일 김금식 씨의 수기)

그는 1968년 3월8일 교도소 안에서 파는 봉함엽서 한 장을 구했다.

〈금일도 업무 수행에 얼마나 수고하십니까. 김근하 사건을 잘 알고 있는 사람이 현재 폭력죄로 부산교도소에 수감 중입니다. 4사 10호실에 있는 김금식이란 사람은…〉

서부서 수사계장 앞으로 쓴 이 엽서에서 금식 씨는 "그 사람(김금식)은 근하 군을 살해한 뒤 수사망을 피하려고 일부러 폭행

을 해 복역 중이다”고 자신을 고발했다. 물론 누가 쓴 편지인
지 모르게 위장했다. 김금식 씨는 이 편지를 기소유예로 출감
하는 閔(민) 모 씨에게 부탁하여 부치도록 했다. 정식으로 부치
려면 교도소 교무과의 검열을 받아야 했다.

여자 접대 받으며 수사 협조한 재소자

〈엽서를 보낸 지 일주일쯤 지난 3월16일, 나는 한 사람의 방
문객을 맞았다. 그는 ‘서부서 李 경위’라고 자기소개를 한 뒤
종이 한 장을 내밀었다. 내가 띄운 엽서의 사본이었다. 나는 일
부러 당황한 척했다. 그는 정중하게 ‘수사에 협조해달라’고 부
탁한 뒤 돌아갔다. 사흘 뒤 그는 다시 찾아왔다. 그제야 나는
강요에 못이긴 척 주워댔다.

“몇 달 전 서면 크라운 바에서 친구 한영식과 술을 마셨는데
이 자리에서 한영식은 스무 살 가량 난 정기영을 소개해주었
다. 한영식은 한 권의 책을 갖고 있었는데 그 속에 종이쪽지 한
장이 끼여 있었다. 내가 무엇이냐고 물었더니 각서라고만 말하
고 ‘킬러’란 영화를 보았느냐고 되물었다. 보았다고 했더니 이
것이 그 영화와 같은 청부살인에 대한 각서인데 그 사건은 대
신동에서 일어난 것으로 세상 사람들이 다 아는 일이라고 말하

더라…."

내 말을 듣고 그는 한영식의 주소를 물은 뒤 만족한 얼굴로 돌아갔다. 다음날, 낯선 형사 두 명이 찾아왔다. 李 경위와 함께 가르쳐준 주소에 가서 찾아보았으나 한영식이란 사람은 없더란 것이었다. 있을 턱이 없다. 한영식이란 내가 교도소를 드나들며 알게 된 업무상 과실치사죄의 운전사 이름이며, 내가 되는 대로 주워댄 것이니까. 나는 韓을 만나려면 서면 대한다방의 오 마담한테 물어보라고 했다. 그들은 연 600명(그들의 말)의 형사들을 동원, 오 마담을 찾았으나 허탕을 칠 수밖에. 결국 경찰은 골탕만 먹고 손을 뗐다. 그 대신 손을 뻗어온 사람이 김태현 부장검사였다〉(《국제신보》1969년 12월7일)

김태현 검사.

그때 마흔네 살이었던 그의 이름 앞엔 늘 '유괴사건 수사의 명검사'란 설명이 붙어 다녔다. 경남 삼천포가 고향인 金 검사는 1943년 일본 중앙대학교 법학부를 學兵(학병) 복무로 중퇴했다.

1952년 고등고시 사법과에 합격, 부산지검, 서울지검, 부산지검 진주지청에서 근무했다. 1956년 진주에서 일어났던 진주여고 교감 아들 조인걸 군(당시 일곱 살) 유괴살해사건을 해결했다(피고인들은 복역 중에 조작이라 주장, 재심 신청)하여 유명해지더니

1967년엔 진주 박춘우 군 유괴살해사건 범인도 경찰을 제치고 단박에 잡아들여 민완 검사의 名聲(명성)을 더욱 굳혔다. 그는 외모에서부터 민완 수사 검사의 분위기를 풍겼다. 훤칠한 키, 정력적인 얼굴, 안경 너머에서 날카롭게 빛나는 눈매, 빈틈없는 말솜씨….

그와 가까웠던 ㅅ기자는 김태현 씨를 "검사가 되기 위해 태어난 사람 같았다. 한번 밀고 나가면 끝장을 보고야 마는 집념의 化身(화신) 같은 사람이었다"고 평했다. 또 다른 기자는 "그를 대하면 찬바람이 날 정도로 매섭게 느껴졌으나 기자들을 대하는 통이 크고 잔정이 많아 우리와는 퍽 관계가 좋았다"고 기억했다. 요컨대 그는 김금식 씨가 깔아놓은 함정에 빠지기에는 가장 어울리지 않는 사람 같았다.

〈1968년 4월 중순 어느 날 오후 나(김금식)는 김태현 검사에게 불려갔다. 안경 속의 눈빛은 매서웠으나 퍽 인정스레 대했다. 그는 진주 공사장 유괴살해사건(인걸 군 사건), 춘우 군 사건, 대청동 태웅 군 사건에 관한 얘기만 하고 근하 군 사건에 대해선 한 마디도 비치지 않은 채 저녁을 불러다 먹인 뒤 돌려보내주었다. 이런 식으로 만난 것이 일곱 번.

8일째 만난 날엔 내 쪽에서 좀이 쑤셔 견딜 수 없었다. 먼저 근하 군 사건의 얘기를 꺼내고 서부서 형사들에게 한 것과 꼭 같은 거짓말을 했다. 4월24일 나는 김 검사와 구영근 씨 그리고 교도관 두 명과 함께 한영식을 찾아 나섰다. 오후 열시 조금 지나 우리는 범일동 '큰 소리집'이란 요정에서 술을 마시게 됐다. 나는 囚衣(수의) 차림이었다. 웃옷은 김 검사의 촉탁 구영근 씨의 점퍼를 얻어 입었다. 술을 마시며 김 검사는 한영식의 행방을 파고 물었다. 나는 적당히 얼버무려 대답했다. 술자리는 오후 11시경 끝났다. 김 검사는 현금 2000원을 쥐어 주었다. 그 뒤로 나는 일요일을 빼고는 거의 매일같이 검찰에 소환돼갔다. 그때마다 시내를 나돌며 술을 얻어 마시고 한밤중에 감방으로 돌아오곤 했다. 교도관들이 "복역자가 그렇게 매일 술에 취해 와서야 되겠느냐?"고 충고를 할 정도였다.

그간에 나는 세 여인을 겪었다. 첫 번째는 5월 초순 구포에 서였다. 그날도 한 씨를 찾는다고 구포까지 갔는데 밤이 깊자 나는 허술한 술집의 외딴 방으로 밀어 넣어졌다. 27세가량의 아가씨가 교태를 부리며 나를 맞았다. 이즈음 나는 김 검사가 내가 말하는 대로 한 씨를 찾고 있지 않음을 알았다. 그는 나를 범인으로 꼽고 있는 게 틀림없었다. 맹목적으로 내가 이끄는 대로 따라다니는 것도 그렇거니와 분에 넘치는 대접들은 자백을 받기 위한 人心(인심) 전술로밖에는 달리 해석할 수가 없었다. 5월 초순 드디어 김 검사는 내게 자백을 요구해왔다. 처음

나는 매우 당황했으나 이왕 시작한 일, 마음을 차분히 하고 자백서를 썼다.

며칠 뒤 김 검사는 "한영식이란 너의 친구, 김기철이 아니냐"고 물었다. 기철이는 내가 15년 동안 친했던 친구로, 한영식을 찾아다니는 동안 기철이가 무엇을 알고 있는 것처럼 말한 적이 있었다. 연극에는 공연자가 필요하다. 기철은 前科(전과) 한 번 없는 양 같은 친구다. 그런 결백한 친구가 共犯(공범)으로 몰리면 나중에 혐의를 벗는데도 도움이 될 것 같아 나는 '그렇다'고 대답했다〉(1969년 12월10일)

속속 걸려드는 희생양들

1968년 5월5일 김태현 검사는 김기철 씨를 절도 혐의로 구속했다. 하루 전에 뭣도 모르고 부산지검에 끌려온 '순덕이' 기철 씨는 "1964년 12월에 금식이와 함께 범천공원에서 아베크 남녀가 가지고 가는 라디오 한 대를 빼앗아간 적이 있지?"란 얼토당토않은 추궁을 받은 뒤 감방에 들어가야 했다.

〈열이틀이 지난 5월17일 나(김기철)에게는 두꺼운 가죽띠로 된 수갑이 채워졌다. 세수도 할 수 없고 잠을 잘 때는 모로 누워야 했다. 나는 눈알이 뒤집힐 것 같았다. 그날 밤 나는 검찰청으로 불려갔다. 검사는 "좀 반성해봤느냐?"고 물었다. 나는 "무슨 죄를 반성하란 말입니까?"하고 대들었다. 검사는 허허 웃더니 "너 근하 군을 죽였지!"라고 날카롭게 말했다.

"뭐 말입니까. 한 번 더 말씀해주세요?"

나는 귀를 의심했던 것이다.

"너는 망을 보고 금식이가 살해했지?"

"나는 모릅니다."

"금식이는 했다는데 너는 잡아떼느냐?"

"그놈은 했는지 몰라도 나는 안했습니다."

"모른다"고 되풀이하는 나의 뺨에는 주먹들이 날아왔다. 이런 고초 속에 날은 밝아 나는 다음날 오전 5시경 교도소에 돌아왔다. 감방 안에서도 나는 잘 수 없었다. 내가 자기만 하면 감방 친구들이 마구 발길질을 했다. 내가 자면 그들이 단체 기합을 당한다는 것이었다. 신문 사흘째인 5월19일 검찰에 나가니 책상 위에 불고기와 정종이 한상 차려져 있었다. 그때 금식이가 들어왔다. "어찌된 일이냐?"고 나는 소리쳤다. 그는 "면목 없다, 술이나 한잔해라"고 힘없이 뇌까렸다. 이어서 "이왕 일이 탄로 났으니 영감님 앞에서 용서를 비는 길뿐이다"고 말하는 게 아닌가. "너와 내가 근하를 죽이지 않았느냐?"고 금식은 나에게 다그쳤다. 검사는 "자 어때, 바로 찌르니 할 말이 없지? 묻는 말에 대답하라"고 했다. 나는 시종 모른다고 했다. 입씨름은 다음날 새벽까지 계속됐다. 나는 아픈 뺨을 움켜쥐고 분함에 이를 갈았다〉 (〈부산일보〉 1969년 7월29일 김기철 씨의 獄中 수기)

기철 씨에 이어 엮여든 것은 정대범 씨(당시 21세)였다. 정 씨는 당시 육군 사병이었다. ㅅ상고를 중퇴한 이 예쁘장한 청년은 유도와 당수 및 합기도 유단자였다. 고향이 밀양군 상남면인 그는 어릴 때 부모가 이혼하자 외할머니 밑에서 가난하게 자랐다. 기철 씨와 대범 씨의 공통점은 둘 다 배경 없는 집안 출신이란 것이었다.

정 씨는 고교생 시절 구영근 씨를 사범으로 모시고 유도를 배웠다. 기철 씨가 친구 금식 씨에 의해 이 사건에 연루된 것과 꼭 같이 대범 씨는 具 사범에 의해 하나의 配役(배역)을 떠맡게 된다.

구영근 씨는 이 해괴한 드라마에서도 특이한 역할을 수행하고 있었다. 그는 김태현 검사의 그림자로 불릴 만큼 줄곧 金 검사를 가까이서 도와왔었다. 진주여고 교감 아들 인걸 군 살해 사건 수사 때는 진주경찰서 사찰계 형사로, 춘우 군 유괴살해 사건에서는 경남도경 소속 형사로 김태현 검사의 수사를 보좌했었다. 근하 사건에서도 김태현 검사는 具 씨를 검찰청 촉탁으로 임명하게 하여 손발처럼 쓰고 있었다. 그는 사법 경찰관은 아니었기 때문에 수사권은 행사할 입장에 있지 못했다. 그래도 그는 사실상 수사를 하고 있었다.

〈구영근 씨가 나서서 "韓의 친구 정기영이란 정대범이 아니냐"고 따졌다. 나(김금식)는 그가 내민 사진을 보고 반신반의한 표정을 지었다. 그러나 그는 대범 씨를 공범으로 확신한 모양이다〉(〈국제신보〉1969년 12월10일)

이렇게 하여 끌려 들어온 정대범 씨는 '범행 일체'를 자백, 김금식 씨와 쌍벽을 이루는 '사건 해결의 협조자'가 된다.

〈5월19일 오후 8시경 나(김기철)는 또 검사 앞에 끌려 나갔다. 검사는 제법 너그럽게 "기철이, 잘 생각해봤나?"라고 말을 걸었다.

"뭘 생각하란 말입니까?"

"너 정대범을 알지?"

"뭘 하는 사람입니까?"

이때 검사는 대범이를 데려오라고 명령했다. 땅딸막한 사나이가 들어서면서 손을 번쩍 쳐들더니 "형! 오랜만입니다"고 외쳤다.

"네가 누구지?"

"이 꼰대가 모른 체한다."

나는 어이없어 멍하니 앉아 있을 뿐이었다. 이때 금식이가 들어오더니 대범이라는 청년과 반갑게 인사했다. 검사는 "대구에 가서 기철이 네가 이 마분지 상자를 샀지?"라고 호통 쳤다.

"나는 대구엔 한 번도 가본 적이 없습니다."

옆에 서 있던 대범이가 "이 새끼야 몽땅 시인하고 자도록 하자"고 소리치자 금식이도 "기철이 너 고집이 어지간하구나. 나도 잠이 와서 못 견디겠다. 빨리 그렇다고 해라"고 했다. 나는 몽롱한 정신 속에서 "모르겠다", "너희 맘대로 뇌까려라", "그런 일 없다"고만 수십 번 되풀이할 따름이었다. 정대범이란 꼬마 친구는 누구일까, 그는 이 사건에서 어떤 역을 맡고 있으며 왜 나를 끌어넣으려 할까, 이런 생각들이 나의 흐릿한 머릿속을 스쳐갔다〉(〈부산일보〉 1969년 7월31일)

고문, 또 고문

김금식, 정대범, 김기철 씨 등 세 '범인'을 확보한 金 검사 팀(金 검사 이외에 이원형, 정경식 두 검사가 이 수사에 합류했다)은 이제 이들을 조종한 主犯(주범)을 찾아 나섰다. 강력사건이 나면 피해자의 주변, 특히 친족들을 일단 의심해보는 것은 수사의 定石(정석)처럼 돼 있다. 근하 사건도 예외는 아니었다. 처음에 경찰

법정에서도 범행을 했다고 주장하는 김금식 씨.

은 근하의 외삼촌, 근하 어머니의 오빠 되는 최형욱 씨(가명·당시 40세)를 용의선상에 올려놓았었다. 형욱 씨는 1·4 후퇴 때 고향인 함경남도에서 월남했다. 먼저 내려왔던 여동생(근하 어머니)을 부산에서 만났는데 얼마 뒤 여동생은 같은 월남민인 김용선 씨와 결혼했다. 형욱 씨는 부두 노무자, 破紙(파지) 수집상으로 일하면서 여동생 집안과 가깝게 지냈고 김용선 씨로부터는 약간의 금전적 도움을 받기도 했다. 1962년 형욱 씨는 중매결혼을 했으나 곧 이혼을 했고 근하 사건이 났을 때는 초량3동에서 재혼한 아내 및 젖먹이 딸과 함께 어렵게 살고 있었다.

1967년 10월 경찰 수사본부에서 파견 근무를 하던 한일민 주임은 형욱 씨를 의심하면서도 동향이란 연고로 해서 인간적으로 가까워졌다. 韓 주임은 "이왕 자수할 바엔 동향 사람에게 하여 특진시켜달라"고 농담 반 진담 반의 부탁을 하기도 했다.

어느 날 韓 주임은 형욱 씨를 모 수사기관으로 데리고 갔다.

그곳에 있던 거짓말 탐지기에 형욱 씨를 걸어본 것이었다. 거짓말 탐지기는 '형욱 씨의 결백'을 나타냈다. 끈질긴 韓 주임은 탐지기가 보여준 결과에 대해선 시치미를 뚝 떼고 말했다.

"난 자네가 그래도 한 고향 사람이라고 믿었는데 이젠 할 수 없게 됐네. 이 기계가 자네의 진술이 거짓말이라고 탐지해내고 말았단 말이야. 기계가 설마 거짓말하겠는가?"

형욱 씨는 펄쩍 뛰었다.

"형님 한 번만 더 해봅시다. 기계가 고장난 건 아닙니까?"

형욱 씨는 韓 주임의 옷자락을 붙들고 늘어졌다. 한일민 씨는 그제야 형욱 씨의 결백을 확신하게 됐다. 거짓말 탐지기에 그토록 자신 있게 대들 수 있는 사람이 범인일 수는 없다는 육감을 믿은 것이었다. 그러나 김태현 검사는 韓 주임이 훑고 내버린 형욱 씨를 일곱 달 뒤 다시 주워 올린 것이었다.

〈김 검사는 최형욱 씨를 끌어넣었다. 이에는 특수한 방법을 썼다. 나(김금식)는 범행 동기를 추궁당했다. "돈이다"고 대답했다. 김 검사는 또 다른 동기가 있을 것이라면서 "공산당이 관련된 것이 아니냐?"고 물었다. 나는 깜짝 놀랐으나 최 씨의 혐의 중에 그런 것도 있구나 싶어 "그런 모양이다"고 대답을 얼버무렸다〉(1969년 12월10일 〈국제신보〉 김금식 씨 수기)

검찰은 최 씨를 먼저 폭력 혐의로 5월15일에 구속했다.

〈문제가 된 폭행사건은 1년 전에 같은 집에 사는 사람과의 사이에서 일어났던 것으로 이미 서로 화해했으며 상처도 별로 없었다. 그들은 수사 시간을 벌기 위해 이 사건을 뒤늦게 캐내어 날 잡아넣은 것이다〉(형욱 씨의 말)

김태현 검사는 형욱 씨를 먼저 다른 공안 수사기관에 보내 근하 사건에 공산당의 개입 여부를 조사하게 했다.

〈붙들려 와서 난생 처음으로 대범이와 금식이를 만났다. 생판 모르는 남자들이 신문을 받고 있는 나를 번갈아 힐끗 쳐다보더니 방을 나가버렸다. 둘은 검사에게 가서는 나를 알겠다고 말한 모양이었다. 한 번은 빵모자에 선글라스를 낀 남자(뒤에 금식인 줄 알았다)가 나타나더니 대뜸 "최 선생, 오랜만입니다"고 아는 체하는 것이었다. 나는 술 냄새와 마늘 냄새가 물씬 풍겨 나오는 그의 입을 올려다보며 망연자실하지 않을 수 없었다. 어느 날엔 자다가 끌려나와 컴컴한 방으로 인도됐다. 근하의 제단이 모셔져 있었고 근하 목소리가 울려나왔다.

"아저씨 놀러가고 싶어, 응?"

"아저씨는 내가 미워? 왜 죽이지?"

애원과 단말마의 비명이었다. 어리벙벙한 속에서 나는 '근하야 빨리 원수를 잡아 날 살려 달라'고 통곡했다〉(형욱 씨의 말)

최 씨는 항소이유서에서 모 기관에서의 수사상황을 이렇게 묘사했다.

〈피고인은 1968년 5월15일 부산 지방 검찰청에서 폭행으로 구속되었습니다. 그 폭행도 1년 전에 있었던 사실을 갖고 구속 당한 것입니다. 그 후 약 2주일이 지나서 검찰에서 소환하기에 오후 6시경에 나갔습니다. 검찰에 도착하니 아무 말도 없이 밖으로 데리고 나가더니 지프차에 모르는 사람 2명과 함께 태웠습니다. 車內(차내)에 들어가니 무조건 수건으로 눈을 가리고 어디인지 가더니 下車(하차)하라기에 하차하였습니다.

그러더니 수건으로 눈을 가린 채 계단으로 내려가면서 하는 말이 "솔직히 말하라" 하기에, 무슨 말을 할까 하니, "모르느냐" 하기에, 모른다고 하였더니, 그냥 어디인지 몰라도 문소리가 나더니, 들어가라기에 들어갔습니다. 무조건 공산당에게서 갖고 온 암호문을 내놓으라는 것이 아니겠습니까.

하여 나는 그런 사실 없다고 말하니 무조건(내가 생각하기에 5, 6명이) 나를 고문하기에 나는 그런 사실 없다고 수차 말했습니다만 고문은 더 심해가기만 하고 그래서 기절하고 일어나서 있으니 그제서야 수건을 풀고 좀 있다가 지금 보니 정대범이란 아이를 지하실까지 데리고 와서 그 아이가 하는 말이 "야 이 새끼야, 서면 300번지에서 배우라고 보인 암호문을 내놓으라"는 것 아니겠습니까. 그리고 그냥 데리고 나가더니 또 고문을 시작하는 것 아니겠습니까.

그래도 나는 그런 사실 없으니 없다고 하니, "저 아이는 있다고 하는데 너는 거짓말한다"고 무조건 고문하는 것 아니겠습니까.

그래서 그 아이를 다시 대질시킬 것을 요구하였으나 나의 말은 아무 소용없고 그 아이 말만 믿고, 고문하는 것 아니겠습니까. 하여 고문이 심해서 의복에다가 똥까지 싸고 있으니 냄새가 풍겼는지 고문을 중지하고 또 수건으로 눈을 가리더니 어딘가 데려가더니 의복을 갈아입히고, 어느 사무실에 가니 그곳에 좀 앉으니 지금 보니 김금식이가 들어오더니 아무 말 없이 보고 1초도 안되어서 밖으로 나가더니 "저 사람 아느냐"고 묻기에 모른다고 하니, "저 사람 너를 안다고 말하고 있지 않나, 그런데 너는 왜 거짓말하느냐"고 또 잠을 재우지도 않은 채 밤을 새워가면서 조사하고, 날이 새면 또 지하에 가서 고문하고 무조건 암호문하고 무전기를 내놓으라는 것입니다. 그래서 또 대질시킬 것을 요구하였으나 거절당하고 말았습니다.

그런 식으로 무려 4일간 고문을 당하고 하루 있으니 검사가 지하실까지 와서 데리고 가기에 따라가니 조서 작성을 하자고 하기에 저는 지금 몸이 아파서 지금 조서 작성을 할 수 없다고 말했습니다.

하니 그것도 무조건 시간과 시일이 없다는 것입니다. 그래서 또 거부하였습니다. 검사가 하는 말이 "여기는 검찰보다 더 높은 곳이다. 내가 너를 이곳까지 데리고 왔지만 마음대로 데리고 가지는 못하니 내가 시키는 대로 하라"는 것 아니겠습니까. 하여 할 수 없이 조서 작성을 한 것입니다.

그런데 작성하는 것을 보니 공산당에 대한 조서 작성을 하지 않습니까. 그래서 내가 부인하였습니다. 내가 "공산당도 아닌 사람을 무슨 이유로 공산당 조서 작성을 합니까" 하니 무조건 가만있으라는 것입니다. 그리고 검사는 부르고 書記(서기)는 기입하는 것입니다.

그렇게 공산당으로 몰아서 이 사건에 결부된 것입니다. 바로 이 공산당으로 나를 몬 사람이 정대범하고 김금식이란 사람입니다. 그러면 공산당 두목, 윤 모니 황 씨란 사람, 박영태란 사람, 김기철이란 사람들은 누구의 입에서 나온 사람들입니까. 모두 검사 입에서 나온 말입니다(검사는 어디서 들었는지 모르지만). 물론 조서에 기입되어 있습니다만. 그런데 나도 모르는 사람을 공산당으로 가담시켜서 지금에 와서 내가 말한 것처럼 하니, 나로서는 답답할 뿐입니다.

…나는 지금 정대범의 정신감정을 하여보았으면 합니다. 그것은 모르는 사람을 아무 곳에나 물고 들어가니 말입니다〉

군사 법정에서의 정대범 씨.

뒤에 〈부산일보〉는 근하의 목소리를 흉내 낸 방송국 아나운서의 擬聲(의성)을 녹음했다가 틀어주었더니 '눈물을 흘리며 자백했다'고 과학 수사의 성과를 소개하게 된다.

崔 씨는 또 나에게 이렇게 털어놓았다.

"전기고문, 물고문, 구타 등 갖가지 고문을 당했습니다. 잠을 못자 정신이 없고, 자백할 것도 없어 미칠 지경이었습니다. 한 번은 수사간부가 오더니 권총을 내 머리에 갖다 대고 이 빨갱이 새끼 쏴 죽여 버리겠다고 했어요. 나는, '쏴 죽이시오' 라고 대답했지요. 나흘쯤 지나서는 그들도 내가 공산당과는 관계가 없다는 것을 알아챈 모양이에요. 주사도 놔주고 잠도 재우면서, 미안하게 되었다고 달래더군요. 지금도 그들에겐 별 유감이 없어요. 나를 고문할 때 양심이 괴로웠던지 소주를 마셔가며 고문합디다.

그 기관에서 김태현 검사로부터 조서를 받았는데 나를 고문

한 사람을 입회시켜놓고 신문을 합디다. 자포자기 상태에서 손
도장을 찍어주고 말았지요. 金 검사가 나간 뒤, 나를 고문했던
그 사람이 '왜 도장 찍어주었느냐'고 나무라요. 그러면서 한 1
년은 고생해야겠다고 합니다."

崔 씨가 도장을 찍어준 조서는 1968년 5월28일에 작성된 피
의자 신문조서다. 崔 씨는 "황 선생의 권유로 북괴노동당에 가
입하고 황 씨로부터 김용선의 아들 근하 군을 살해하라는 명령
을 받아 김기철에게 살해지시를 내렸다"고 자백한 것처럼 적
혀 있다.

공안기관에서 이미 崔 씨의 북괴관련설을 부정해버렸으므로
이 진술은 고문에 의한 허위진술이란 증거의 가치만 지니게 되
었다. 형욱 씨도 기철 씨처럼 감방에서 가죽 수갑을 차고 있어
야 했다. 같은 살인 피의자였지만 금식 씨와 대범 씨에 대한 대
접과 기철 씨와 형욱 씨에 대한 대접은 사뭇 달랐던 것이다.

공산당으로 몰아 허위자백 유도

김금식 씨는 1968년 5월9일의 검찰 진술조서에서 자신이
1967년 10월16일에 대구교도소를 滿期(만기) 출소하여 그 다음
날 범행을 저질렀다고 말했다. 금식 씨는 1967년에도 역시 폭

행죄로 징역을 선고받아 대구교도소에서 복역 중이었다. (그러니 그는 대구교도소를 나오자 곧 또 폭행죄로 구속돼 1968년 2월에 부산교도소에 수감된 셈인데 그가 법을 우롱해보기로 결심한 것은 부산교도소에서였다)

금식 씨는 1968년 5월26일 진술 조서에선 대구교도소 만기 출소일을 1967년 11월17일로 고쳐 잡아 진술했다. 그렇다면 근하 군이 살해된 1967년 10월17일엔 대구교도소 안에 있었다는 얘기인데 도대체 어떻게 된 일인가? 검찰 측의 깜짝 놀람을 김금식 씨는 이렇게 다독거려주었다.

"1967년 10월17일 오전 9시20분경 박영태를 면회하고 기결 1사 14방에 돌아오니 교도관으로 보이는 마흔 살 가량의 선글라스 낀 남자가 나를 부르기에 그 사람을 따라 접견실과 정문을 차례로 빠져 바깥으로 나왔다. 신사는 사라지고 정문 앞에는 기철이와 박영태 씨가 갈아입을 옷과 신발을 갖고 와 기다리고 있었다. 우리 세 사람은 오후 완행열차로 부산으로 내려와서 부산진역에서 정대범과 합류, 그날 밤 범행을 저지르고 나는 다음날(10월18일) 오전 8시에 다시 대구교도소로 돌아왔다."

이것은 기막힌 얘기였다.

'국가가 보장하는 알리바이'를 얻기 위해 범인 일당이 김금식 씨를 범행 당일 하루만 교도소에서 빼내 사용했다는 그의 진술을 검사들이 정말 믿었는지, 안 믿었는지는 알 수 없으나 이 진술에 따라 곧바로 대구교도소로 그들은 손을 뻗쳤다.

〈1968년 5월25일 오전 11시쯤(김금식 씨는 26일에 불법 출소관계를 진술했는데 그전에 이미 이 일을 검사에게 귀띔한 듯) 나는 근무 중에 所長(소장)에게 불려갔다. 검찰청에 갔다가 와야겠다고 하기에 열차 편으로 부산에 도착, 부산지검으로 곧장 갔다. 검사는 나에게 선글라스를 끼고 따라오라고 했다. 검사는 어떤 사나이(김금식)에게 나를 가리키며 "이 사람이 맞느냐?"고 물었다. 그 사람은 "맞다"고 했다. 이어 검사가 "김금식을 출소 시킬 때 간첩 사건에 박영태와 관련되어 있는 것을 알았는가?"라고 물어 나는 간첩 사건 때문에 끌려온 것으로 알았다.

"너는 자손 대대로 누명을 벗을 수 없다. 그러나 너의 신세를 망칠 생각은 없다"고 검사는 어르며 "솔직하게 말하면 오늘 저녁이라도 석방시켜주겠다. 이 기회가 마지막이다"고 위협했다. 나는 여덟 살에 아버지를 여의고 홀어머니 밑에서 자랐다. 이제 모든 것이 끝장났다고 체념하게 되어 검사가 시키는 대로 말을 했다. "간첩을 내어주었으면 돈을 안 받고 내어줄 리가 없는데?"라고 검사가 말하기에 나는 이때부터 정신을 잃고 "1만원을 받기로 약속했으나 현금은 받지 못했다"고 말해버렸다〉(여광

석 교도 · 당시 32세, 1969년 3월29일 〈조선일보〉 면담 기사)

공안검사 출신인 김태현 씨는 최형욱 씨를 공산당으로 몰았을 뿐 아니라 교도소 간부인 여광석 씨까지도 아무런 증거도 없이 공산당과 연루시켜 손쉽게 자백이란 걸 받아냈다. 여 씨는 교도소에 근무했으므로 한번 공산당으로 낙인 되면 어떤 신세가 되는지 너무나 잘 알고 있었고, 金 검사는 그것을 약점으로 이용한 듯하다. 여광석 씨는 이즈음의 상황을 그 뒤 항소 이유서에서 자세히 썼다.

〈그날부터 '너는 박영태라는 對南(대남)간첩과 접선하여 대구교도소에 수감 중인 김금식을 불법 출소시킨 자이니 공산당과 접선하여 활약하는 간첩임이 틀림없다'고 하여 갖은 협박으로써 취조당한 것입니다.

그러던 중 잠깐의 대기시간이 있으면 부산교도소 교무과 직원이며 당시 김태현 부장검사 곁에서 김금식을 계호해서 다닌 권영택, 박학율이란 사람들이 옆에 와서는 "당신은 對南간첩인 박영태와 접선하여 공산당으로 활약하니 중앙정보부에 가서 취조를 받아야 한다. 중앙정보부라는 곳은 한번 들어가면 죽어서 시체가 되어 나오는 곳이다. 보안법으로 한번 처벌되면 당신의 자손대대로 빨갱이 취급을 받아야 하며 마지막 절망인 것이다"라는 등으로 갖은 협박으로써 나에게 공포를 주며 "우

리들은 검사들과 잘 알고 있으니 당신은 박영태라는 자가 對南
간첩인 줄은 모르고 김금식을 불법 출소시켰다고 하면 당신은
최고 직무유기밖에는 되지 않으니 그 정도는 우리들이 이야기
하면 기소유예 혹은 불구속 기소 정도로써 충분하다”는 등으
로 공포의 분위기를 조장하여 이를 이용 기만하고 있었던 것입
니다.

　나는 사건이 어떤 사건인 것조차 알 수 없었으며 어떤 사람
의 조작으로 빨갱이 취급을 당하고 있구나 생각할 때 극도의
공포에 떨고 있었으며 검사취조에서도 한결같이 對南간첩인
박영태와의 접선여부와 김금식을 불법 출소시킨 사실을 추궁
하면서 “너는 공산당으로는 보지 않으니 일시적인 실수로써
그런 행동을 했다고 하면 나도 같은 법무부 직원으로서 기소유
예처분으로 출소시켜준다”고 하면서 너가 살 길은 이 길 밖에
는 없다고 협박과 기만으로써 취조에 임했던 것입니다.

　그러나 나는 사실이 무근한 일이므로 “그런 사실이 없다”고
하면 “지금이 마지막 기회다. 이 시간이 지나면 중앙정보부로
취조하기 위해 가니 마지막 기회를 잘 생각해서 너의 장래를
잘 생각하라”는 등의 협박으로 취조함으로써 ‘공산당이란 죽
는 것이구나’ 생각하며 양심에 없는 허위 시인을 하고 말았던
것입니다.

그러나 허위 시인이라 앞뒤의 일관성이 없는 것인데 이 前後
(전후) 사실을 권영택, 박학율이란 사람들이 가르쳐줌으로써 사
건을 연관시켰던 것입니다. 그리고 며칠 뒤 부산교도소 보안과
장님실에서 증거보전 신청을 하게 되었을 때 본 피고인이 사건
자체를 부인하니 검찰 측에서는 너는 대학시절에도 공산주의 서
적을 많이 탐독하여 사상적으로 의심스러운 자이니 기소유예의
처분이나 집행유예의 처분을 받을 수 없게 공산당으로 처벌한다
는 등으로 판사님 앞에서까지도 협박으로 나왔던 것입니다.
　…이러한 협박적인 공포분위기 속에서 본 피고인의 심정은
앞으로야 어떻게 되든 단 몇 분이라도 이곳을 떠나고 싶은 마음
뿐인 것이었습니다. 그리하여 검찰에서와 같이 양심에 없는 허
위 시인을 하였던 것입니다〉
　여 교도에 이어 교도보 이석연 씨(당시 41세)도 간수자 도주원
조 혐의로 구속됐다. 김금식 씨의 각본은 이제 여섯 사람의 배
우들을 만들어냈다. 남은 것은 이들에게 어떤 역할을 나눠주는
가 하는 문제였다.

金 검사의 심리

　'희대의 민완 검사' 로 세상에 알려진 김태현 검사 팀이 어떻

게 하여 최종 학력이 국민학교 졸업인 김금식 씨의 각본에 그
토록 쉽게 말려들게 되었는지는 지금도 수수께끼다. 김금식 씨
와 정대범 씨를 뺀 나머지 네 피의자는 처음 범행을 완강히 부
인했다. 그들 중 세 피의자는 나중에 '이상 분위기' 속에서 허
위 자백을 했지만 김기철 씨는 모진 신문에도 굽히지 않고 시
종일관 범행을 잡아떼고 믿을 만한 알리바이까지 제시했다. 金
검사 팀은 이들 다수의 '범행 부인'은 묵살하고 오로지 김금식
씨의 좌충우돌 횡설수설하는 자백만을 굳게 믿고 그에 따라 움
직였다. 김금식 씨가 '아!' 하면 검사들은 '어!' 하는 식으로
협조 분위기 속에서 범인들을 읽어갔다.

　검찰이 확보한 네 명의 '살인범'은 서로가 한 번도 만난 적
이 없었다(금식 씨와 기철 씨 사이만은 친구). 그런 사실을 검사들은
대질 신문에서 알았을 텐데 그것도 묵살해버렸다.

　김금식 씨의 각본은 결코 치밀하지 못했다. 그는 검찰 진술
에서 스무 번도 넘게 범행의 핵심 사실을 번복하거나 추가하고
수정했다. 대구교도소 출소 날짜, 범행 동기, 범행 도구의 구입
장소 따위 결정적인 부분에서 그의 진술은 오락가락 갈팡질팡
했다. 그래도 엘리트 검사들은 이 김금식 씨를 믿으면서 순덕
이 김기철 씨를 믿지 않으려 했다(혹은 그런 것처럼 행동했다).

　金 검사의 심리상태에 대해 김금식 씨는 뒤에 이런 평을 했

다.

〈우리가 자백한 뒤의 수사에서 아무리 생각해도 우리가 범인일 수 없다는 確證(확증)이 몇 번이나 있었으나 金 검사는 그때마다 억지 해석으로 범인으로 맞추어 들어가는 인상이었다. 너무 지나치게 우리를 범인으로 믿은 나머지 일종의 자기최면에 걸린 듯했다. 그러자니 그의 수사도 자연히 하나의 드라마가 될 수밖에 없었다.

金 검사는 숱한 실수를 저질렀다. 자질구레한 지엽적인 문제에 너무 연연한 것도 그 하나였다. 나의 됨됨을 좀 더 자세히 알아보았다면 처음부터 내가 범인이 아니란 것을 알았을 것이다. 나는 군 복무 당시를 합해 네 번의 前科(전과)를 가지고 있다. 그러나 거기엔 계획된 범죄라곤 한 번도 없었다. 나의 전과는 모두 술에 취해 저지른 우발적인 범죄였다. 폭행에는 한 번도 흉기를 사용한 일이 없었다. 그런 내가 그렇게 치밀하고 용의주도한 범죄를 저지를 수는 없었다〉(《국제신보》 1969년 12월10일, 15일)

金 검사의 수사가 막바지로 치닫고 있을 때인 1968년 5월 중순, 부산지검 출입 기자들은 냄새를 맡았다. 부산지검엔 열대여섯 명의 기자들이 출입하고 있었다. 거의가 사건기자 경력 십년 이상의 고참들이었다. 수사 진행 상황을 눈치 채기는 했

으나 기자들은 깊게 파고들지 못했다.

그때 〈국제신보〉 기자였던 설영우 씨(뒤에 신발 수출 회사 대표)는 "검찰 측에서 대외비 사건이라고 하는 바람에 본격적인 취재를 할 수 없었고 상세한 보도도 하지 못했다"고 회고했다. 그런 수사의 중간보도는 기자들 사회에선 금기로 돼 있었다. 기자들은 그러나 수사 진행상황을 지켜보며 공식발표를 기다리고 있었다.

전경렬 씨 수사로 곤혹을 치렀던 한일민 경위는 5월 말 어느 날 정석모 부산시경 국장의 부름을 받았다. 정 국장은 시무룩한 표정을 짓고서는 "검찰이 근하 사건을 해결한 것 같다"고 말했다. 정 국장은 '근하 살해범 일망타진'의 발표가 임박했다는 정보를 검찰 아닌 다른 수사기관에서 듣고 이 사건에 가장 밝은 韓 주임을 불러 의견을 묻는 것이었다. 韓 주임은 형욱 씨가 구속됐다는 것을 이미 알고 있었고 그로 해서 검찰 수사의 진실성을 의심하고 있었던 참이었다. 韓 주임은 형욱 씨 등을 다루었던 기관의 수사요원들을 만나보았다. 주로 韓 주임이 범행과 관계된 여러 가지 세부적인 질문들을 꼼꼼하게 던졌다. 그런 뒤 그는 높은 사람들 앞에서 거침없이 장담했다.

"이들은 절대로 범인이 아닙니다."

며칠 뒤인 5월29일 드디어 뚜껑이 열렸다. 석 달 동안 은밀히 수사한 전모가 발표된 것이었다. 공식발표는 김태현 부장검사가 했다.

영웅이 된 검사, 장단 맞춘 언론

〈국제신보〉와 〈부산일보〉는 '근하 군 살해범 일망타진' 기사를 1면 및 사회면 머리기사로 다루었고 대부분의 중앙지도 사회면 머리기사로 취급했다.

〈국제신보〉는 검찰이 최형욱, 김기철, 정대범, 김금식 등 네 명을 붙들고 박영태는 수배 중이라고 보도한 뒤 이렇게 써나갔다.

〈이 사건의 主犯(주범)은 한때 용의선상에 떠오르기도 했던 최형욱으로 밝혀졌다. 검찰은 두 번 다시 실패를 범하지 않기 위해 치밀한 계획을 세워 교도소에 복역 중이던 김금식 씨의 신병을 확보, 수사를 전개하다가 지난 5일 김기철을 절도 혐의로, 지난 15일엔 최형욱을 폭력 혐의로 구속 수감하는 한편, 16일엔 정대범을 체포, 수사에 개가를 올렸다. 수사진은 밀양에 있는 정대범의 집에서 범행 때 입었던 밤색 잠바와 바지 및 티셔츠를 증거물로 압수했다. 사건 당일 범인을 봤다는 파출소 순경, 사환 등 증인들과의 대질 신문도 끝났다. 이들의 범행 동기는 돈이었다. 이들은 시체를 버린 뒤 협박장을 박영태가 근하 집으로 보내면 主犯(주범) 최가 근하 집에서 100만원을 내주도록 사주할 계획이었다.

범행 당일 금식과 기철이는 범일동 시장 안에 있는 고물상에 가서 30원 주고 마분지 상자를 구입(칼과 노끈의 출처는 자백을 안 했다), 범천2동 기철의 집에 운반해두었다가 정대범을 먼저 근하 집 근처로 보낸 다음 오후 늦게까지 구름다리 아래 돼지국밥집에서 술을 마셨다. 금식과 기철이는 칼, 노끈, 마분지 상자를 코로나 택시에 싣고 오후 9시20분께 보수동 검정다리에 도착했다. 여기서 그들은 대범에게 칼 등을 건네주었다. 기철은 대범에게 피를 흘리지 않도록 두 번 찌른 뒤에 칼을 뽑지 말고 그냥 꽂아두라고 주의를 주었다. 그리고는 두 명은 달아났다.

대범은 집으로 돌아오는 근하 군을 발견, 오른손으로 목을 조르고 왼손으로 가슴을 찔렀다. 이들은 潮流(조류)의 시간까지 계산, 시체를 영도다리 및 하수구 속에 버리면 밤 12시쯤 5노트 속도의 해류가 시체를 휘감아 대마도까지 흘려보낼 것으로 예상, 완전범죄를 꾀했다〉

〈국제신보〉는 또 '검찰이 이들의 점조직을 푸는 데 진땀을 흘렸다'고 보도했다. 범인들끼리 가명을 사용했고 서로 얼굴도 모른다고 했다.

〈박영태와 최형욱이 主犯 그룹을 이루었고 하수인 정대범의 위에 김기철과 김금식이 붙어 있었다. 대범은 범행 당시 '기영'이란 이름을 썼고 기철은 '한영식' 이란 가명을 썼다〉

신문들은 검찰 발표문을 그대로 보도한 다음엔 화살을 최형욱 씨에게 돌렸다.

"외삼촌은 비정했다. 죄짓고는 못 사는 세상인 것을…"(〈국제신보〉 사회면 머리기사 제목)

"외삼촌이 그럴 수가… '돈이 그리 아쉽던가' "(〈부산일보〉 사회면 머리기사 제목)

두 신문은 최 씨의 사생활과 매부와의 관계를 한참 과장한 다음 "거짓말 탐지기에도 아무런 반응이 나타나지 않을 만큼 그의 심장은 대담했다"느니 "진주에서 철근 군 유괴사건의 범인이 잡혔을 때는 본사 기자를 찾아와 진주 범인이 근하 살해범이 아니냐고 묻기까지 했다"(〈국제신보〉)면서 그의 철면피(?)를 비꼬고 근하 어머니를 등장시켜 오빠를 매도하게도 했다(〈부산일보〉).

〈부산일보〉에 실린 '나는 오빠를 저주한다'는 제목의 '근하 어머니 崔 여사 수기'는 최형욱 씨 규탄극의 압권이었다. '手記'라고 해놓고 글의 끝에는 '文責在 記者'(문책재 기자)라고 써 붙이는 모순을 드러낸 이 수기는 아마도 기자가 근하 어머니의 말을 재구성하여 엮은 것 같다. 따라서 얼마나 崔 여사의 말을 진실되게 전했는지는 알 길이 없다. 최형욱 씨의 부인에 따르면 근하의 부모는 공식발표 이전에 수사 진행과정을 대강 전해 듣고 있었으며 형욱 씨가 범인이란 검찰 측 주장을 크게 의심하고 있었다는 것이다. 신문에도 그런 흔적이 군데군데 엿보인다.

〈근하 군 아버지와 어머니는 범인이 잡혔다는 말을 기자들로부터 전해 듣고 믿어지지 않는다는 듯 반신반의의 표정을 지었다. … 근하 어머니는 '왜 범인들이 우리 애를 택했을까요?' 라고 반문하기도 했다〉(〈국제신보〉)

최형욱 씨 다음으로 과장과 왜곡의 祭壇(제단)에 올려진 속죄양은 순진한 김기철 씨였다. 남에게 손찌검 한번 한 적이 없는 그는 '교통부 로터리 근방에서 노는 깡패' 에다가 '國卒(국졸)의 실업자' 로 소개됐고 '해병대 시절의 특수 교육 경험을 살려 살인 방법과 시체유기 방법을 하수인에게 가르쳐준' 악질 교사범으로 묘사됐다.

신문들은 또 검찰 수사관들이 기철 씨를 연행하려다가 역습을 당해 위기일발의 상황이 벌어졌었다고 전하는가 하면 기철 씨를 하수인 포섭 책임자로 그리면서 완전범죄를 위해 정대범 씨까지 죽이려 했었다고 보도했다. 정대범 씨는 '여자 같은 손, 목소리, 얼굴 생김' 으로 하여 냉혹한 살인마로 지탄을 받았다.

악당이 있으면 영웅 또한 있는 법. 신문들은 김태현 검사를 한껏 추켜올렸다. 〈국제신보〉는 '흉악 사건을 멋지게 해결한' 김 검사의 아들이 '범인들의 일당으로 보이는 괴한들로부터 유괴를 당할 뻔했다'고 보도했고 구영근 씨의 아이들도 같은 위협을 받았다고 전했다. 구 씨는 '미친 사람'이란 욕까지 들어가며 밤낮 없이 수사에 열중했다고 쓰기도 했다.

현장검증과 흥분한 군중

'刻苦(각고)의 영광'이란 수사 秘話(비화) 소개기사의 제목은 기자들도 이들 '2대 진범'에 대해서는 추호의 의심도 갖지 않고 있었음을 보여주는 증거이기도 했다. 이런 보도 태도는 한국 언론의 사실 인식과 진실 확인의 수준과 도덕성을 단적으로 보여주는 것이기도 했다. 기자들은 확정 판결 훨씬 이전의 '무죄 추정인'들을 '범인'이라고 불러 스스로의 언론 재판에서 有罪(유죄)를 확정시켜버린 다음 그들이 범인이란 전제 아래서 기사들을 써갔다.

최형욱 씨 등을 '범인'으로 보고 있는 것은 검찰의 견해인데 기자들은 자신의 판단 기능을 일단 정지시키고 이 검찰의 견해에 그대로 편승한 것이었다. 이것은 언론이 스스로 진실확인 의무를 내버리고 그 의무를 검찰의 판단기능에 양도한 것과 같은 자세였다. 검찰의 판단에 잘못이

현장 검증에서 구경꾼들의 저주에 어이없다는 표정을 짓는 김기철 씨.

생기면 그것과 합치돼 있는 언론의 보도 방향도 뒤죽박죽될 터였다.

기자들이 검찰 발표내용을 의심 없이 그대로 받아들이지 않을 수 없었던 까닭이 있긴 했다. 수사 과정의 취재가 부실했고 피의자나 그 가족들에 접근하지 못해 검찰 발표내용의 진실성을 검증할 만한 자료와 잣대를 미리 갖고 있지 못했다. 이와 함께 사회부 기자들이 갖고 있는 검찰에 대한 상대적인(경찰과 비교하여) 높은 신뢰도가 또한 그런 방향으로 작용했을 것이다. 당시엔 확정 판결 이전에 형사 피의자를 어떻게 보도해야 하느냐에 대한 지침이나 기준이 한국 언론엔 확립돼 있지 않았다는 점도 근하 사건 보도에서 착오를 빚게 한 요인이 됐다.

몇몇 기자들이 의심을 갖기는 했다. 그때 〈합동통신〉의 검찰 출입기자였던 신상욱 씨는 "김금식 씨의 불법 출소 문제는 아무래도 납득할 수 없었다"고 했다.

"아무리 교도 행정이 썩었다고 해도 그 정도로 부패하지는 않았다는 생각이 들더군요. 더구나 만 원을 받기로 하고, 그것도 외상으로 해서 하루를 외출 보내주었다는 것이 도무지 이해할 수 없었습니다. 또 범행 내용이 너무나 정교하게 잘 짜여져 있다는 느낌이었습니다. 그 내용대로라면 범인들은 모두 천재가 될 수밖에 없었습니다. 나뿐 아니라 다른 기자들도 의혹을 갖기 시작했으나 본격적으로 다루지는 못했습니다."

기자들보다 변호사들은 훨씬 자신 있게 이 사건이 조작된 것이라는 판단을 내리고 있었다. 최형욱 씨의 고모부는 부산의 한봉세 변호사를, 대구의 교도관 가족들은 대구의 박찬 변호사와 부산의 서윤학 변호사를 각각 변호인으로 선임했다.

최형욱 씨에 따르면 韓 변호사는 자기를 면회한 그 자리에서 바로 "공산당으로 몰았구나. 걱정할 건 없지만 1년은 고생해야 될 것 같다"고 말하더란 것이다. 서윤학 변호사도 "기록을 검토해보니 단박에 피고인들이 무고하다는 것을 알 수 있겠더라"고 했다.

박찬 변호사(9대 국회의원 역임)는 녹음기를 들고 대구교도소로 찾아가 결정적인 반증을 확보했다. 그는 김금식 씨와 같은 감방에 있었던 세 복역수를 만났다. 세 사람은 한결같이 금식 씨가 외출했다는 1967년 10월17일에 그가 감방 안에 있는 것을 봤다고 말했다. 특히 서 모 씨는 김금식 씨가 감방 정리원이었기 때문에 더욱 똑똑히 기억한다고 했다.

6월8일 〈조선일보〉가 처음으로 근하 사건에 의문을 제기하고 나왔다. 검찰 발표 열흘 뒤의 일이었다. 〈조선일보〉는 대구교도소 이원호 소장이 자체 조사를 실시, 불법 출소는 없었다는 결론을 내리고 오히려 법무부 장관에게 항의했다고 보도했다. 이틀 뒤 김태현 검사는 대구교도소의 조사 결과는 행정책임을 면하기 위한 변명에 지나지 않는다고 반박했다.

의혹의 꼬리가 고개를 치켜들기 시작할 때 검찰은 현장검증을 실시했다. 6월12일 오전 6시부터. 현장검증이 범인 검거 발표 보름 뒤에나 이루어진 것도 퍽 이례적인 일이었다.

이날 부산의 두 신문은 또다시 처절할 정도로 흥분해 마지않았다. 사회면의 거의 4분의 3을 다 바쳐 '살해 장면'과 '군중의 저주'를 스냅 사진들을 곁들여 극명하게 소개했다. 사회면 제목들은 춤추고 있었다.

'근하 군을 이렇게 죽였다'

'흥분한 군중, 저놈들을 죽여라'

'살해 장면 등 태연하게 再演'

'바른대로 말하자고 서로 타일러'

'사나이답게 바로 대라 ─ 발뺌하려들자 하수인이 주범을 면박'

칼질의 모순

〈부산일보〉는 구경꾼들이 "짐승 같은 저놈들을 저렇게 데리고 다닐 것이 아니라 코를 꿰어 끌고 다녀야 한다"고 저주했다고 썼다. 또 정대범 씨를 '살인귀'라고 표현했다.

이런 흥분, 저주, 분노의 소용돌이에 시선을 빼앗긴 기자들이 현장검증의 실상을 정확히 관찰할 수 있었는지는 알 길이 없으나 적어도 기사에는 그런 티가 나타나지 않았다. 이 현장검증 날은 피의자들이 처음으로 백일하에 공개된 날이었다. 기자들이 처음으로 '검사들의 통역'을 거치지 않고 바로 그들과 접촉할 수 있는 기회이기도 했다.

이날 현장검증의 우등생은 정대범 씨였다. 그는 자신의 '범행'을 보여주고 싶어 안달이 나 있는 사람처럼 행동했다. 김기철 씨가 '연극'을 거부하고 우두커니 서 있으면 대범 씨는 "네가 시킨 게 아니냐? 사나이답게 바로 해라?"고 윽박지르기까지 했다. 대범 씨는 살해 장면과 시체유기 장면을 '얼굴 빛 하나 안변하고 태연히' 연기했다. 그는 '자학적인 태도'까지 보이며 김금식 씨에게 "이왕 죄를 지은 몸이니 바른대로 말하라"고 타이를 정도였다.

김금식 씨는 웬일인지 이날 몸을 도사렸다. 얼굴을 신문으로 가리고 사진기자들에게 욕을 퍼붓다가 대범 씨가 살해 장면을 연기할 땐 "담벼락에 붙어 서서 입가에 야릇한 웃음을 흘리고 있었다."(《부산일보》)

그는 '피둥피둥 살이 찐 건강한 모습'이었다. 감방에서도 수갑을 차고 있어야 했던 기철 씨나 형욱 씨와는 달리 그는 감방 안에서 好衣好食(호의호식)했던 것이다. 그는 부산진역에서 기철 씨 및 대범 씨와 만나는 장면에 와선 연기를 거부했다. 그가 공개적으로 검찰에 협조를 거부한 것은 이것이 처음이었을 것이다.

현장검증은 다음 날 새벽까지 계속됐다. 최형욱 씨가 현장검증에 끌려 나온 것은 밤중이었다. 네 명의 연

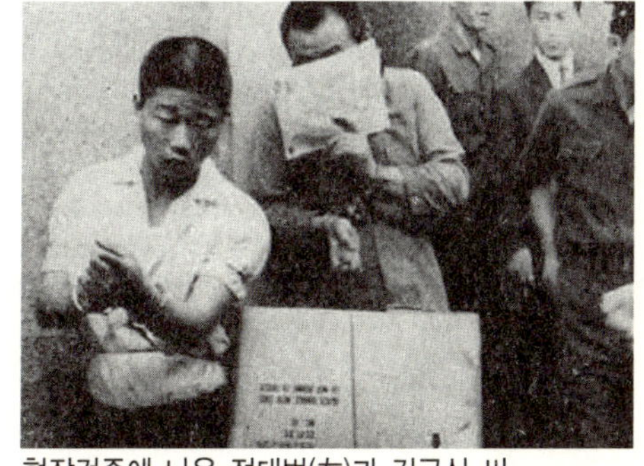

현장검증에 나온 정대범(左)과 김금식 씨.

김금식 씨(左)와 정대범 씨(右)에게 포위된 채 현장 검증을 거부하는 최형욱 씨.

기자들은 두 패— 꼭두각시와 사람—로 갈라졌다. 기철 씨와 형욱 씨는 "와본 적이 없다", "그런 건 모른다"고 현장검증을 끝까지 거부했다. 검사들의 노리개가 된 대범 씨와 금식 씨는 이런 기철 씨와 형욱 씨에게 욕설을 퍼붓고 빈정대기도 했다. 낮에 현장검증을 거부했던 금식 씨는 밤에 와선 다시 적극협조자로 돌변해 있었다.

그는 "낮에는 아는 사람들이 많아 그랬었다"고 했다.

이 현장검증에서 서윤학 변호사는 主演(주연)배우의 중요한 실수를 발견, 회심의 미소를 짓고 있었다. 왼손잡이인 정대범 씨는 근하 군의 입을 손수건으로 틀어막은 다음 뒤에서 오른팔로 목을 조르고 왼손에 쥔 칼로 근하의 왼쪽 가슴을 찌르는 시늉을 했다. 이 연기대로라면 칼자국은 왼쪽 가슴에서 오른쪽으로 뚫리게 마련이다. 그런데 근하 군 시체의 부검 결과, 칼이 오른쪽 가슴으로 들어가 왼쪽 아래 방향으로 꽂히면서 그 칼끝

110

은 왼쪽 심장 벽을 뚫었음이 밝혀져 있었다. 곧, 정대범 씨의 현장검증 때의 칼질과는 반대 방향이었던 것이다.

徐 변호사는 또 鄭 씨가 범행 때 입었다는 옷에서 핏자국이 하나도 없는 것을 발견, 더욱 자신감을 굳혔다.

'불법 출소' 싸고 공방전

현장검증이 진행된 그날 대구發 통신 및 신문기자들은 김금식 씨의 감방 동료들 말을 인용, "김 씨가 범행 당일 출소하지 않았다는 알리바이가 드러나 근하 사건 수사에 혼선을 가져오게 됐다"고 보도했다.

〈조선일보〉는 이 기사를 물고 들어가면서 부산 신문과는 달리 '파문 속의 현장검증' 이란 제목으로 짙어가는 의혹을 부각시켰다. 대구교도소 측에선 이날 여광석 교도는 정문 교도였고 기결수 감방은 홍원식 교도가 맡고 있었으므로 기결수를 여 교도가 불러냈다는 것은 말도 안 된다고 검찰을 반박했다.

이렇게 되자 그때까지 검찰측 견해를 일방적으로 전달하던 부산 신문들까지도 의문을 제기하고 나섰다. 〈국제신보〉는 6월13일 사회면 머리기사로 '확대되는 파문, 김금식의 출소 여부' 를 취급하고 엇갈리는 양쪽 견해를 대등하게 소개했다.

　이제 사태는 하나의 작은 드라마를 만들고 있었다. 검찰의 논리는 김금식 씨의 1일 불법 출소에 그 바탕을 두고 전개되고 있었다. 불법 출소는 말하자면 논리의 구조물을 떠받들고 있는 주춧돌이었다. 이 주춧돌이 뽑혀버리면 범인 입증의 논리구조 전체가 와르르 무너지게 돼 있었다. 검찰로서는 이 위기를 어떻게 해서든 돌파하지 않으면 안 되었다. 14일 김태현 검사 팀은 김금식, 정대범, 최형욱 씨를 데리고 대구교도소로 올라갔다. 현장검증을 하기 위해서였다.

　여기서 김금식 씨는 한몫을 톡톡히 했다. 불법 출소의 과정을 훌륭하게 솔선해서 '재연'한 것이었다. 그 연기는 너무나 완벽하여 취재 기자들의 의혹까지 풀어줄 정도였다. 부산 두 신문의 의심스러워하던 태도도 바뀌고 말았다. 〈국제신보〉와 〈부산일보〉는 다음날 이번엔 화살을 대구교도소로 돌렸다. "김금식의 불법 출소 사실은 재확인되고 대구교도소 측의 알리바이 조작이 탄로났다"는 것이었다. 金 검사는 "대구교도소의 알리바이 조작이 드러난 이상 관계자를 전원 입건, 조사하겠다"고 밝혔다. 며칠 뒤 金 검사는 대구교도소의 교도관 두 명을 추가로 구속했다. 당시 부산문화방송 기자로 이 사건을 취재했던 강남주 씨(뒤에 부산 수산대학교 교수·국문학)는 이렇게 말했다.

"부산의 현장검증에서 피의자들끼리 '했다', '안했다' 하면서 서로 다투는 것을 보고 이상한 생각이 들었다. 대구교도소 측에서 불법 출소를 시킨 적이 없다고 주장하고 나오자 이 느낌은 의혹으로 변했다. 그러나 김금식 씨가 대구에서 제 발로 불법 출소를 '재연' 하는 것을 보고는 다시 '내가 잘못 생각했구나' 했다. 사형을 각오하고 자신의 범행을 자백하는데 어떻게 믿지 않을 수 있었겠는가?"

김금식 씨는 행동으로써뿐 아니라 신념에 찬 대사로 검찰을 위기에서 구해주었다.

"나는 약한 교도관을 위해 불법 출소 사건만은 완강히 부인했으나 증거가 드러난 이상 발뺌할 수도 없다."

"나는 이제 생에 애착이 없는 사람이다. 근하와 그 가족에게 죄송할 뿐이다. 무고한 전 씨가 잡혀 고문을 당했다는 말을 들었을 때는 자살이라도 하고 싶었다. 죄를 뉘우치고 짧은 시간이나마 사람답게 살고 가고 싶다."

"지금 심정은 후련하기만 하다. 교도소에 들어온 뒤부터 기독교를 믿기 시작했다(〈마태복음〉을 호주머니에서 꺼냈다)."

정대범 씨도 김금식 씨에 못지않게 초연하게 말했다. "의심받을 정도로 범행을 순순히 자백하고 있는데…"라고 설영우 기자가 묻자 명언들을 쏟아놓았다.

"나는 이미 죄를 뉘우치고 있다."

"사형도 각오하고 있다."

"모든 사실을 털어놓고 보니 이제는 웃을 수 있다."

"이번 사건의 관련자들이 무죄가 되는 경우, 두 번 다시 이런 사건이 안 나도록 나는 그들(형욱, 기철 씨)을 죽이겠다."

"그들은 어린 나를 이용해 요꼴로 만들어놓고 자기들만 발뺌하려 하고 있다."

이런 소리를 옆에서 맨 정신으로 듣고 있어야 했던 최형욱 씨는 대구행 열차 안에서 〈부산일보〉의 검찰 담당 안병규 기자(뒤에 민정당 국회의원)와 이런 문답을 주고받았다.

문: 왜 범행을 부인하는가?

답: 외삼촌인 내가 근하를 죽일 리 없다.

문: 그래도 자백을 했다는데.

답: 검찰이 아닌 모처에서 심한 고문을 당했는데 그 문초에
　　못 이겨 자백했다.

문: 다른 범인들을 아는가?

답: 생전 처음 보는 사람들이다. 근하 아버지와 나 사이가 좀
　　미묘하니까 얽어두는 것 같은데 공판정에 가서 모든 걸
　　밝히겠다. 내가 무죄라는 알리바이가 다 있다. 법이 살아

있으니 무죄 될 줄 믿는다.

문: 금식이와 대범이가 왜 당신을 끌고 들어갈까?

답: 제 놈들이 죽을 죄를 지었으면 저들이나 죽지 왜 그러는지
모르겠다.

피살자 아버지에겐 밀수꾼 누명

대구 달성동의 술집 '부엉이집' 현장검증에선 소동이 벌어
지기도 했다. 崔 씨가 '연기'를 거부하고 "살인 모의를 이런 술
집에서 할 수 있나?"고 냅다 소리쳤다. 그러나 아들 뻘 되는 대
범 씨가 "조그만 새끼들을 꾀어 살인을 저지르게 한 놈이 무슨
거짓말이냐"고 대들었다. 화가 머리끝까지 치민 崔 씨는 수갑
찬 손으로 신발을 벗어 그를 후려쳤다.

김금식 씨의 진술이나 검찰의 발표를 종합하면 근하 살해 조
직의 괴수는 박영태 씨로 돼 있었다. 박 씨는 김금식 씨를 불법
출소시킨 장본인이며 범행 계획의 주모자이고 계획에서 실행
까지 모든 편의를 제공한 막후 실력자였다. 그렇다면 모든 의
문은 박 씨를 붙잡기만 하면 자연스럽게 풀릴 것이었다. 불법
출소 與否(여부)의 시비가 검찰 측의 승리로 일단락되자 기자들
은 박영태 씨에 초점을 맞추기 시작했다. 법무부가 '물의를 빚

었다' 하여 대구교도소 소장을 전주교도소장으로 좌천시킴으로써 일반인들에게까지 불법 출소의 진실성을 확인시켜주는 듯했으나 부산지검 출입기자들은 아무래도 마음이 개운하진 못했던 것 같다.

6월18일 〈부산일보〉는 박영태 씨가 밀수품 운반책으로 부산에서 암약하고 있다고 크게 보도했다. 그는 무기를 갖고 다니며 수십 명의 부하들을 거느리고 있다는 것이었다.

다음날 이 신문은 사회면 머리에 또 근하 사건 관계기사를 올렸다. 김윤근 차장검사가 근하 살해의 동기를 발표했다는 것이었다. 이 기사의 요지는 이러했다.

〈박영태와 김기철은 밀수 특공대원으로 근하 아버지와 한패였으며 근하 아버지가 몫을 나눠주지 않아 이에 앙심을 품고 범행을 저질렀다. 박, 김, 최 등 세 범인들은 정대범이 범행에 실패할 경우, 살인범으로 몰아 죽일 계획도 짰다〉

다음날 검찰은 공소장을 발표했다. 이 공소장에서도 검찰은 기철 씨와 박영태 씨가 김용선 씨(근하 아버지)의 밀수품을 몇 차례 운반해주었으나 배신당하여 원한을 품고 있었다고 했다.

김용선 씨는 〈부산일보〉에 문제의 기사가 난 그날 검찰을 찾아가 이 범행 동기에 납득이 안 간다고 밝히고 "최형욱 씨가 아들을 죽일 만한 이유가 없다"고 했다(〈국제신보〉 1968년 6월20일).

이 문제는 피살자 가족의 명예와 관련되는 만큼 여기서 분명히 짚고 넘어가야 할 것 같다. 뒤에 밝혀지겠지만 박영태 씨와 김기철 씨는 김용선 씨를 한 번도 만난 적이 없었던 사람이다. 물론 두 사람은 밀수에 손댄 적도 없었다. 김용선 씨가 밀수했다는 증거도 찾을 수 없다. 서윤학 변호사는 "그런 말이 공판 중에도 자꾸 나와 증거를 제시하라고 요구했으나 아무도 증거를 대지 못했다"고 말하고 범죄 피해자에 대한 무지막지한 명예손상이었다고 했다.

아들을 잃고 '밀수꾼'의 누명까지 뒤집어쓴 김용선 씨나 그 가족의 원통함은 상상하고도 남음이 있다. 만약 〈부산일보〉 기사가 사실이라면 그 범행 동기를 공판 청구 전에 공표한 검찰 간부는 형법 126조의 '피의 사실 공표죄'를 지은 셈이 된다.

〈형법 제126조: 검찰, 경찰, 기타 범죄 수사에 관한 직무를 행하는 자 또는 이를 감독하거나 보조하는 자가 그 직무를 행함에 당하여 지득한 피의 사실을 공판 청구 전에 공표한 때에는 3년 이하의 징역 또는 5년 이하의 자격 정지에 처한다〉

물론 이 조항은 예나 지금이나 死文化(사문화)된 지 오래지만 김용선 씨의 경우에는 진실이 아닌 허위사실의 공개로 평생 씻을 수 없는 명예훼손을 당한 극단의 사례로서 영원히 남을 것이다. 김윤근 차장검사는 〈부산일보〉에 문제의 기사가 난 다음날 "일부 신문에서 김용선 씨가 과거에 밀수를 했다고 공소장에서 단정한 것처럼 보도한 것은 사실과 다르며 아들마저 잃은 그에게는 지나치게 가혹한 행위라고 검찰 입장을 해명했다"고 보도됐다(〈국제신보〉). 따라서 이 허위사실 유포의 책임이 어느 쪽에 있는지는 가리기가 어렵다.

'主犯' 나타났지만…

6월19일 놀라운 사건이 일어났다. 검사와 기자들이 그토록 찾고 있던 박영태 씨가 나타난 것이다. 그것도 검찰청이 아니라 〈국제신보〉의 사회부 자리로 불쑥 걸어 들어온 것이었다. 그는 대뜸 "나는 억울하다. 근하 사건과는 아무 관련도 없다"고 말했다.

"나는 1967년 2월2일 장물 취득죄로 구속돼 징역 10월을 선고받고 대구교도소에서 복역 중 김금식 씨를 알게 됐다. 나는 1967년 10월13일에 출소했다. 나오고 나서도 같이 고생한 정을 못 잊어 세 차례에 걸쳐 김금식 씨를 면회 갔었다. 면회 신청할 때는 전과자임을 숨기려고 나의 본명이 '박태형'인데도

'박영태'라고 기록했다(필자 注: 검찰이 이름을 잘못 알게 된 것도 이 면회부 기록 때문이었다).

나는 김금식 씨가 만기 출소하는 1967년 11월17일에 교도소로 마중 나가 그를 나의 셋방에 데리고 와서 아침밥을 먹었다. 내가 잠시 나갔다가 오니 그는 아내에게서 1500원을 빌려 어디론가 가버렸고 그 뒤로는 만난 적이 없다. 1967년 9월 중순 범인들이 나의 집에서 범행을 모의했다고 하는데 그때 나는 감방 안에 있었고 나의 아내는 삯바느질을 하여 방을 비운 적이 없었으므로 있을 수 없는 일이다. 또 김금식 씨가 불법 출소한 날(1967년 10월17일)에 나의 집에서 팬티를 갈아입었다고 했는데 그게 아니고 그가 만기 출소한 11월17일에 갈아입은 것이다. 검찰이 나를 찾고 있다는 것도 며칠 전 신문을 보고 알았으며 나는 지금 대구에서 고물장사를 하고 있다."

이것은 검찰이나 다른 신문사의 기자들에겐 청천벽력과 같은 돌발사였고 〈국제신보〉엔 굴러들어온 특종이었다. 마침 검찰은 바로 그날 박영태 씨를 主犯으로 서술한 공소장을 공개하면서 관련자 일곱 명(군인 정대범 씨는 군사재판으로 돌려짐)을 기소했었다. 그 박영태가 홀연히 나타났으니 검찰은 절체절명의 위기를 맞은 셈이었다. 거꾸로 기자들은 이 사건 수사결과를 완전히 뒤엎을 수 있는 결정적인 실마리를 붙든 것이었다. 박영태 아닌 박태형 씨의 말대로라면 김금식 씨의 불법 출소나 범행 모의는 거짓이며 김금식 씨가 불법 출소한 날에 했다는 행동의 상당부분은 그가 출소한 11월17일의 행동을 옮겨다 붙인 것에 지나지 않는다는 결론을 자연스럽게 끌어낼 수 있었다.

이 두 번째 위기에서 김태현 검사를 구한 것은 기자들이었다. 엄청난 특종을 불가항력적 상황에서 빼앗긴 〈부산일보〉는 다음날 "박태형이 억울하다고 나선 것은 알리바이 조작극에 불과하다"는 검찰 측 견해를 소개하면서 오히려 검찰 대신 박태형 씨를 치고 나왔다. "검찰은 잠적한 박영태가 박태형을 시켜 박영태로 가장하여 나타나도록 꾸민 알리바이 조작극으로 밝혀냈다"는 것이었다. 그렇다면 검찰은 박태형 씨를 공무집행 방해죄로 구속하고 그를 통해 진짜 박영태의 거처를 알아내어 속히 主犯을 붙잡아 들여야 했다. 검찰은 이 두 가지 일을 모두 포기하고 엉뚱하게도 절도 혐의로 박태형 씨를 구속해버렸다.

'傳家(전가)의 寶刀(보도)'를 쥐게 된 〈국제신보〉도 어찌된 영문인지 그 미스터리를 더 추적하지 않고 주저앉아버렸다. 이렇게 하여 검찰의 기소 사실을 그 밑뿌리에서부터 뒤엎어놓을 수 있는 절호의 기회를 기자들은 스스로 팽개쳐버리고 말았다. "박영태의 검거만이 모든 의문을 풀어줄 것이다"고 썼던 기자들이 막상 그 사람이 나타났을 땐 왜 의문을 풀 생각을 하지 않았을까?

부산의 기자들이 제대로 이 사건을 추적할 수 없었던 진짜 이유는 결코 능력의 결함이 아니었다. 그때 이 사건을 맡은 기자들은 사건이 많이 나는 부산에서 산전수전 다 겪은 고참들이었다. 그들 가운데서 나중에 교수, 국회의원, 실업가들이 많이 배출된 것만 봐도 '무능'을 탓할 수는 없다는 것을 示唆(시사)하게 한다. 근본 이유는 아마도 한국 언론의 구조적 문제점이나 부산의 특수 여건 및 기자들의 常軌(상궤)를 벗어난 경쟁 심리에서 찾을 수 있을 것이다.

당시 이 사건의 취재를 맡았던 한 기자는 "검찰이기에 그러한 무리 많은 수사가 가능했다. 경찰이었으면 기소도 못했을 것이다"고 말했다. 이 말을 뒤집으면 기자들이 경찰을 대하는 태도로 검찰을 대할 수 없었다는 얘기가 된다. 경찰이 전경렬 씨 수사에서 실수를 하자 신문들이 일제히 들고 일어나 우격다짐 수사를 비판했지만 그보다 더 많은 사람들이 더 많은 고통을 당한 검찰 수사에 대해선 비교적 얌전했던 사실이 언론과 검찰 사이의 미묘한 역학관계를 단적으로 보여주는 것이다.

부산은 비록 한국 제2의 대도시이지만 행정권이나 사법권의 측면에서 보면 '지방성'을 벗어나지 못한 점이 많다. 권력이

집중된 서울에서 서울지검이 차지하는 비중과 차관급이 행정 공무원 중 우두머리인 부산에서 부산지검이 차지하는 무게는 같을 수 없었고 중앙지의 영향력과 부산 지방지의 영향력 또한 같지 않았다. 두 차례의 근하 사건 수사에서 그래도 날카롭게 의문을 제기하고 나온 것이 부산에서의 취재력이 〈부산일보〉나 〈국제신보〉에 비해 훨씬 약한 중앙지였다는 사실은 많은 것을 엿보게 하는 일이었다.

　이런 구조적 문제점과 함께 '박영태 출현'의 보도에서 볼 수 있는 것과 같이, 기자들이 경쟁지를 너무 의식하여 상대가 특종한 기사는 될 수 있는 대로 묵살하려 하는 태도도 진상을 파헤치는 데 장애가 됐을 것이다. 큰 사건이 터지면 기자와 수사관들의 力學(역학) 관계가 逆轉(역전)되어 수사관들이 優位(우위)에 서게 되고 기자들을 '갖고 노는' 사태도 자주 빚어진다. 사건기자가 가장 두려워하는 것은 '落種(낙종)'이다. 이 落種과 特種(특종)을 좌우하는 것이 정보를 쥔 수사관들이므로 이때만은 기자들도 그들의 비위를 건드리기 어렵게 된다.

　근하 사건 수사에서 수사권도 없으면서 수사를 하고 있던 구영근 씨의 행각은 기자들이 마땅히 지적하고 넘어가야 할 문제였다. 당시의 취재 기자 ㄱ씨는 "우리는 속으로 그를 못마땅하게 생각했으나 가끔 그가 값진 정보를 흘려주었기 때문에 겉으로는 친한 척하지 않을 수 없었다"고 말했다.

자백과 좀認의 정면대결

기자들이 포기하다시피 한 진실 확인의 책임은 이제 판사들에게 넘어갔다. 1968년 7월22일 오전 10시쯤 부산지법 제1호 법정에서 근하 살해사건의 첫 공판이 열렸다.

재판장은 박정표 부장판사, 배석에 남용희·정지형 판사, 네 교도소 직원들의 변호인엔 서윤학 씨, 최형욱 씨 변호인은 한봉세 씨, 김금식 및 김기철 씨엔 國選(국선) 변호인 이영호 씨, 관여 검찰관은 김태현·이원형·정경식 검사.

첫 공판은 인정신문으로 간단하게 끝냈다. 섭씨 30도를 넘는 무더위 속에서도 수많은 방청객들과 기자들이 법정을 꽉 메웠다. 이 법정의 열기는 하나의 드라마를 기다리고 있었다. 한국의 사회부 기자들이 강력사건의 재판과정에 이처럼 집착한 것은 이것이 처음이었을 것이다. 수사 과정에서 드러난 갖가지 의혹과 미스터리가 풀릴 곳은 바로 이 '正義(정의)의 법정' 밖에 달리 없다는 것을 그들은 깨닫고 있었다. 검찰이 진상을 가리려 아무리 애써도 변호인들의 공격 앞에선 될 일이 아니란 믿음을 그들은 갖고 있었을 것이다. 법의 공방전이 공평하게

평소 남들 앞에서 말 한번 제대로 못하던 김기철 씨는 "나는 사람을 죽이지 않았다"며 검사들에게 억울함을 호소하며 대들었다.

펼쳐지기만 한다면 진실은 밝혀질 것이란 기대감과 법정에서 오가는 말들을 이제는 자유롭게 보도할 수 있다는 안도감이 그들의 직업의식을 자극하였다.

두 번째 공판은 8월12일에 열렸다. 이날엔 전경렬 씨 父子도 방청석에 나타났다. 〈조선일보〉에 따르면 그는 "저 악랄한 범인들 때문에 억울하게 매를 맞았다"고 원망했다는 것이다.

이날 김태현 검사는 직접 김금식 씨를 신문했다. 김금식 씨는 범행 모의, 불법 출소, 범행 경위를 청산유수로 시인했다. 그는 교도소에서 불법 출소한 날에는 근하를 죽이지 않고 유인하여 돈만 빼내면 된다고 생각했다고 진술했다. "그러나 박영태와 김기철이 海流(해류)를 이용하면 시체를 감쪽같이 없애버릴 수 있다고 하여 완전범죄를 꾀하게 됐다"(〈국제신보〉)면서 두 사람을 극악한 살인자로 부각시켰다. 오후에 金 검사는 김기철 씨와 맞닥쳤다. 기철 씨는 검사가 '피고인'이라고 부르자 화를 냈다.

"피고인, 피고인 하는데 그 말을 빼시오. 나는 사람을 죽이지 않았습니다."

검사가 기철 씨의 직업을 無職(무직)이라고 하자 자신은 무직이 아니며 버스회사에서 일했다고 반박했다. 평소 남들 앞에선 말 한번 제대로 못하던 그는 검사들에게 소리치며 대들기도 했다.

"이곳을 나가면 당신들과 금식이, 대범이를 무고죄로 고소하겠소!"

기철 씨는 "모른다", "그런 일 없다", "상식 밖의 일이다"를 되풀이하며 검사의 공소사실 일체를 부인했다. 기철 씨에 이어 검찰 신문에 올려진 최형욱 씨는 더욱 거세게 반발했다. 〈국제신보〉는 이렇게 썼다.

〈기철에 비해 최형욱은 더 발악적이었다. 평양 사투리를 속사포처럼 써가면서 검사의 질문과도 거리가 먼 설명조의 답변을 하다가 검사의 꾸지람을 듣기도 했다. 그는 거의 미친 사람처럼 재판장 앞에서 바지를 걷어 올리고는 조사받을 때 고문을 당한 자리라고 흉터를 가리키면서 울상으로 호소했다〉

이 취재 기자는 기철 씨와 형욱 씨의 이름 밑에서 존칭을 빼고는 형욱 씨의 '항변'을 '발악'이라고 했고 '미친 사람'에 비

유했으며 검사의 말은 '꾸지람' 이라 했다. 기자가 어떤 관점에
서 재판을 지켜보고 있는지를 짐작하게 하는 용어 선택이었다.
이날 김금식 씨는 다음과 같은 회개의 심정을 밝혔다.

　"내가 죽어서 근하 군이 살아난다면 백 번이라도 죽어 근하
를 살리고 싶다."

3장
하느님은 아신다, 그러나 기다리신다

교도소에서도 곤드레만드레

일곱 남자의 운명과 그들 가족 수십 명의 명예가 걸린 '근하군 살해 사건' 재판은 1968년 8월26일 오전 10시 부산지방법원 법정에서 그 세 번째 공판을 맞았다. 이날의 주제는 김금식 씨의 대구교도소 1일 불법 출소 문제였다. 이원형 검사는 김 씨를 범행일 하루 동안 외출 보내준 혐의로 구속 기소된 대구교도소 직원 여광석, 이석연, 고화욱, 정시식 피고인 등 네 명을 신문했다. 이들 피고인은 기소 전 검찰 신문에서 자신들의 범행을 자백했다. 뿐만 아니라 기소 뒤 담당 판사가 증거보전 관계로 여 교도관을 신문했을 때도 그는 김금식 씨의 불법 출소를 도와주었다고 시인했었다.

그러나 이날 네 피고인은 태도를 표변, 검찰의 기소 사실을 딱 잡아떼기 시작했다. 검사가 "전번에는 왜 그렇게 진술했느냐"고 따지자 李 교도는 "검사의 강압에 의해서 그랬다"고 답했다. 그는 또 "김금식의 얼굴조차 모른다"고 말했다. 교도관들은 왜 이처럼 '범행 시인'에서 '범행 부인'으로 돌아섰는가?

여 교도관은 뒤에 이렇게 말했다.

"검사가 나를 간첩 사건과 자꾸만 연루시키기에 정신을 잃고 엉터리 자백을 했었다. 1회 공판 때 나는 간첩 사건에 관련되지 않은 것을 처음으로 알고 어리석은 자백을 뉘우쳤다. 나는 기소 뒤(공판 시작 이전) 판사가 증거보전 관계로 검사와 함께 교도소에 와 '돈 만 원 때문에 그런 엄청난 짓을 할 수 있는가? 무슨 내용이 있어야 하지 않느냐? 뒤에 밀수를 하면 한번 봐달라고 한다든지…' 라면서 고개를 흔들기에 김 검사와 함께 옆방에 가서 '영감님, 이렇게 말하면 석방시켜준다고 하기에 그렇게 했는데 뭡니까?' 하고 대들기도 했었다."

간첩 사건에 연루되어 신세를 망치는 것보다는 저지르지도 않은 대수롭지 않은 범행을 시인해주는 것이 낫다고 판단했던 그들은 검사가 말한 '간첩 사건'은 존재하지도 않은 일임을 뒤늦게 알아차리자 '용기'를 되찾고 허위 자백을 부인하기 시작한 것이었다. 검찰은 곤경에 빠진 것같이 보였다. 이럴 때마다 그들은 기댈 곳을 갖고 있었다. 믿음직한 김금식 씨. 그는 이날 검사의 신문에서 자신의 불법 출소 과정을 술술 불러댔다. 변호인단의 반대 신문에 대해서는 입을 닫았다.

서윤학 변호사의 반대 신문이 점심시간을 넘기자 그는 "변호는 돈 받고 하는 일인데 남의 사정(배고픔)도 모르고 속행이냐?"고 면박을 주기도 했다.

9월2일에 열린 4차 공판에서도 김금식 씨는 검사들을 싸고도는 철옹성 구실을 다했다. 그는 검사가 제시한 증거물—마분지 상자, 노끈, 칼이 범행 때 사용된 것임이 틀림없다고 확인했다. 金 씨의 國選(국선) 변호인이 "다른 공범 세 사람만으로도 충분히 범죄를 저지를 수 있는데 하필 교도소에 있는 자네를 빼내 가담시키려 했을까?"라고 따지자 김금식 씨는 "그들은 나를 가담시켜 알리바이를 조작, 완전범죄를 성립시키려 했다"고 답했다.

이렇게 검찰 측에 고맙게 대하는 金 씨는 교도소 안에서 특별대우를 받았다. 감방 안에서도 수갑을 차고 면회마저 일체 금지돼 있었던 최형욱 씨의 말을 들어보자.

"김 씨는 감방 안에서 주인처럼 멋대로 행동했다. 우리한테 적용되는 규율은 그에게는 적용되지 않았다. 官食(관식)은 먹지도 않았고 누가 넣어주는지 私食(사식)만 먹었으며 술에 취해 고래고래 고함을 칠 때도 있었다. 인원 점호도 안 받고 낮잠은 멋대로 잤다. 기분이 틀리면 '교도소장 오라!', '검사 불러라!'고 호통을 치기도 했으나 교도관들은 그를 깍듯이 대했다. 나는 고문의 후유증으로 바싹 말랐지만 그는 피둥피둥 살찌고 있었다.

나는 그런 꼴불견을 대할 때마다 속이 뒤집혔으나 그것이 어디 처음이었던가? 기소 전 대구교도소 현장검증을 마치고 부산으로 돌아오는 기차간에서였다. 김태현 검사가 김금식과 정대범에게 맥주를 권하고 세 사람이 서로 '야, 금식아', '잘 모셔야 한다', '김 부장님 한잔 하십시오' 라면서 다정스럽게 술잔을 주고받지 않는가. 살인 피의자와 검사의 술자리, 그건 참 희한한 장면이었다."

흔들리는 김금식의 마음

김금식 씨는 어떤 면에서는 법의 세계와 그 생리를 검사보다도 더 소상하게 읽는 사람이었다. 그는 아무 대가 없이 검찰에 봉사할 그런 쑥맥은 아니었다.

〈4회 공판을 끝낸 다음 金 검사와 나는 '묵계' 를 맺었다. 그는 "공판이 끝날 때까지 순순히 범행을 시인하면 사형을 시키

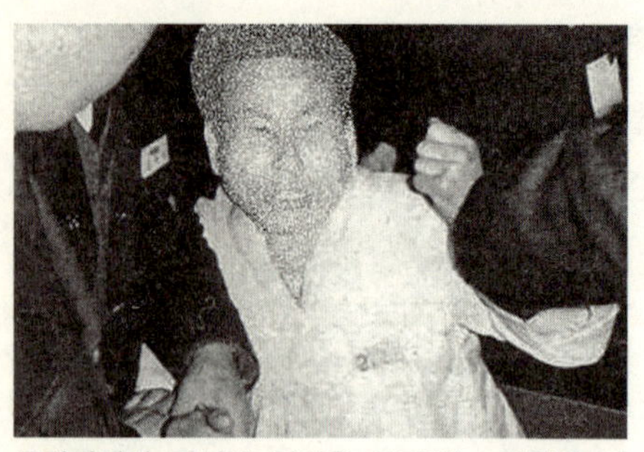

공판장에서 자신의 결백을 주장하는 최형욱 씨와 그를 제압하는 경찰들.

지 않겠다"고 말했다. 그러나 나는 유괴살해범이 살아날 수는 없다는 것을 알고 있었다. "나 같은 사람이 더 산들 무엇 하겠느냐? 다만 死後(사후) 처리할 돈을 줄 수 없겠느냐?"고 물었다. 김 검사는 이 사건에 현상금 130만 원이 걸렸는데 그 중 30만 원을 떼어주마고 했다. 5회 공판 직전 어느 날 이모와 나는 검사실에 불려갔다. 이모는 소위 '묵계'의 입회인이 될 참이었다. 그러나 김 검사는 이모에게 느닷없이 이모부의 과거를 들추어내기 시작했다. 이모는 기겁을 했다. 이모는 나를 향해 "이놈아, 죽어도 너만 죽어라"고 소리쳤다. 눈에는 이슬이 맺혀 있었다. 이모는 현상금이고 뭐고 뒤도 돌아보지 않고 도망치듯 나가버렸다. 이 사건 중 나는 이 때 가장 큰 슬픔을 느꼈다〉(〈국제신보〉 1969년 12월10일 김금식 씨 수기)

그 이모는 불우한 어린 시절을 보낸 김금식 씨에겐 친어머니나 같았다. 홀어머니가 있긴 했으나 生計(생계)를 잇는데 지쳐

아들을 돌볼 겨를이 없었고 김 씨 이모의 따뜻한 정을 더 받고 자랐다고 한다. 이런 이모의 저주 섞인 부르짖음은 김금식 씨의 가슴에 깊은 파문을 일으켰던 것이다.

서윤학 변호사가 은밀히 김금식 씨의 설득에 나선 것은 이즈음이었다. 徐 변호사는 네 교도관들의 변호사로 선임돼 있었으나 김 씨의 자백 번복이 없는 한 최형욱, 김기철 씨는 물론이고 네 교도관들의 무죄 입증은 매우 어렵다는 계산을 하고 있었다. 피고인들 가족은 두 명의 서로 다른 변호인을 뽑았고 國選(국선)변호인 한 명이 추가돼 모두 세 변호사가 이 사건을 맡게 됐으나 사건의 성질상 따로따로 변호를 할 수 있는 것이 아니었다.

그래서 세 변호사는 하나의 변호인단처럼 기능하게 됐다. 그 핵심은 徐 변호사였다. 그는 6척 장신에 서글서글한 얼굴을 한 전직 검사였다. 그는 1947년에 고시에 합격, 1964년까지 부산지검에서 일했다. 3·15 마산의거 때에는 고문 경찰관을 붙잡아 들이는 데 앞장서 상당한 인기를 모으기도 했었다. 김태현 검사와도 함께 오랫동안 근무, 두 사람은 서로를 잘 아는 사이이기도 했다.

徐 변호사는 여러 차례 교도소로 김금식 씨를 찾아가 "참말을 해달라"고 졸랐다. 그때마다 김씨는 "나는 이제 참회하고

있는 몸이다. 기독교로 改宗(개종)하여 하나님을 믿고 있다"면서 코웃음만 치는 판이었다. 徐 변호사는 당시를 이렇게 회고한다.

"검찰 쪽의 논리구조는 김금식의 1일 불법 출소에 모든 근거를 두고 있었으며 '불법 출소'는 김 씨의 자백에만 의존하고 있었다. 김 씨의 마음을 돌려놓지 않고서는 검찰의 그 방벽을 깰 수 없는 입장이었다. 마침 김금식 씨는 김 검사에게 형량을 십 년 밑으로 해주겠다는 각서를 써달라고 요구하고 있었고 김 검사는 각서만은 써줄 수 없다는 태도를 보일 때여서 김 씨의 양심을 일깨울 수 있는 기회가 왔다고 판단했다."

최형욱 씨는 "그즈음 김금식 씨는 검사와 흥정을 하고 있는 것 같았다. 기소 전의 대구 현장검증을 마치고 돌아오는 기차간에서 나의 아내가 그를 달래며 '제발 참말을 해달라'고 애걸하다시피 했을 땐 눈도 껌벅하지 않았었는데 이즈음 재판정에서 만나면 '바른 말을 해버릴까?' 라고 농담 같지 않은 말들을 슬쩍슬쩍 던지곤 했다"고 회고했다.

"다음 공판에서는 참말 하겠소"

9월16일의 5회 공판에서는 김기철 씨의 알리바이 문제가 주로 거론되었다. 서윤학 변호사는 근하 군이 살해된 10월17일 아침에 김 씨는 여느 때처럼 개금동 동일교통 주차장에서 배차 일을 했다고 말하고, 그 증거로 김 씨가 써넣은 배차표와 그 근방 식당의 외상 장부를 내보였다. 검찰측의 기록에는 기철 씨가 17일 아침 대구로 올라가 불법 출소하는 금식 씨를 마중하는 걸로 돼 있었다.

徐 변호사의 증거 제시에 대해 검사들은 조작된 장부라고 맞섰고 변호사는 "필적을 보면 알 것이다"고 반박했다. 이날엔 근하 군 시체가 든 마분지 상자를 들고 탄 범인을 시청 뒤 바닷가까지 실어다 주었던 택시 운전사 장태룡 씨(가명)가 증인으로 나왔다. 검찰은 군법회의에서 재판을 받고 있던 정대범 씨를 불러내 장 씨와 대질시켰다. 장 씨는 "정 씨가 그때 그 범인임에 틀림없다"고 말했다.

徐 변호사의 반대신문에서도 같은 대답을 하자 서윤학 씨는 화를 버럭 냈다.

"야, 이 새끼야! 너의 말 한 마디에 사람 목숨이 달려 있다. 너는 전에도 범인과 비슷하다고 해서 여러 사람들을 골탕 먹이더니 오늘은 누구를 죽이려 하느냐!"

성격이 느긋한 徐 변호사도 이때만은 참을 수 없었던 것이다.

장 씨는 이미 근하 살해 사건 뒤 18일 동안 경찰에 끌려 다니면서 전과자 사진 150여 장과 용의자 100여 명과 대면하는 바람에 한때 정신 상태에 혼란을 겪기까지 했던 사람이었다. 그쯤 되면 진짜 범인이 나타나더라도 못 알아보기가 십상이다. 장 씨는 어찌된 영문인지 근 1년이 흐른 이날 법정에서는 정대범 씨가 범인임에 틀림없다고 우기는 것이었다.

이날 공판엔 박태형 씨도 증인으로 나왔다. 그는 출소하는 금식 씨를 마중 나가 목욕을 시키고 팬티를 갈아입게 한 것은 1967년 10월17일(검찰 주장)이 아니라 그해 11월17일이었다고 말했다. 김금식 씨는 이 말에 화를 내더니 "끝까지 거짓말을 한다면 나도 할 말이 있다"고 朴 씨를 타이르기도 했다. 1심 재판은 이제 김금식 씨의 불법 출소 여부를 가리는 데 초점을 굳히고 있었다.

재판부는 10월11일 대구교도소에서 현장검증을 했다. 이 자리에서 변호인단은 몇 가지 날카로운 반론을 제기했다. 검찰 조서에 따르면 여광석 교도는 운동장에서 목욕 대기 중이던 김금식 씨를 불러내 교도소 바깥으로 빼돌린 것으로 돼 있었다.

徐 변호사는 "그렇다면 김 씨는 팬티만 입고 불법 출소했다는 말이 아닌가?"고 따졌다. 목욕 대기중일 때는 죄수들은 겉옷을 벗게 돼 있음이 현장 검증에서 드러난 것이다. 이에 대해

김금식 씨는 지금까지의 진술을 고쳐 "여 교도가 불러서 1사 14방에 다시 들어가 죄수복을 입고 나왔다"고 말했다. 변호인단에선 또 교도관이 색안경에 私服(사복) 차림으로 근무를 할 수 없다는 점을 들어 검찰 조서에 나타난 김금식 씨의 진술을 반박했다.

정대범 씨도 변호인단의 공격을 받았다. "여 교도의 손에 있는 흉터까지 기억할 수 있는 정 씨의 기억력을 시험해보자"고 변호인단에서 걸고 들어간 것이다. 변호사들은 먼저 정 씨에게 "대구역에서 부엉이집(범행모의 장소)까지 찾아가 보라"고 했다. 鄭 피고인은 머뭇거렸다. "그러면 달성공원에서 부엉이집까지 찾아가 보라"고 했다. 鄭 씨는 할 수 없이 찾아가는 시늉을 했는데 엉뚱한 방향으로 길을 잡아, 보는 이들을 실소케 했다.

검사들은 궁지에 몰리는 것 같았다. 그러나 이번에도 김금식 씨가 나서 그들을 곤경에서 건져주었다. 변호사들이 뭐라 하든 김 씨는 자신의 불법 출소 과정을 거침없이 재연해보였다. 徐 변호사가 꼬치꼬치 따지자 "아무 것도 모르면서 억보소리 하지 마소!"라고 대들기까지 했다.

김금식 씨는 장판교를 지키는 장비처럼 완강하게 변호사들의 화살을 막아내고 있었다. 그는 일류 변호사들의 예리한 공격이 뚫을 수 없는 방패요, 난공불락의 성벽이었다. 그가 버티고 있는 한 검사들은 그 성채에서 안주할 수 있으며 변호사들이 찾아내려는 진실 확인의 길은 차단될 터였다. 재판은 질질 끌었다. 9회 공판이 열린 것은 10월21일, 1심 재판이 시작된 지 만 석 달이 흘렀다.

신문들은 재판 기사를 3, 4단으로 작게 취급, 이 재판에 흥미를 잃고 있음을 보여주었다. 기자들이나 독자들이 워낙 '출소했다', '안 했다' 란 엇갈린 얘기를 많이 듣고 있었으므로 근하사건이라면 '알쏭달쏭' 이란 낱말이 연상 작용으로 떠오를 지경이었다. 9회 공판에선 김금식 씨와 같은 감방에 있었던 백 모 씨가 증인으로 나타났다. 그는 1967년 10월17일 밤 김 씨와 함께 감방에서 잔 것을 똑똑히 기억한다고 증언, 불법 출소 주장을 부정했다.

이제 김금식 씨 혼자만을 빼놓고는 모든 사건 담당자나 관계자들이 김 씨의 불법 출소 주장을 부정하게 된 셈이다. 그러나 본인이 불법 출소 했다는 데야…. 더구나 그렇게 말하면 자신이 사형을 당할 것임을 알고도 그러는 데야…. 제가 죽을 자백을 기꺼이 하는데 그 자백이 설마 거짓일 리가 있겠는가. 아무래도 범행을 부인하는 피고보다는 자신의 범행을 고백하는 피고를 더 믿게 되는 것은 인간의 본성일 것이다. 때문에 金 씨가 계속 자신의 불법 출소를 고백하는 한 아무리 反證(반증)이 많이 나타나도 결정적인 타격은 줄 수 없는 법이었다. 9회 공판에서 金 씨는 지나가는 말처럼 기자들에게 말했다.

"다음 공판에서는 하고 싶은 말을 하겠소."

"날 죽여?"

김금식 씨의 심경에 변화가 나타나고 있다는 징조는 그 며칠 앞에 있었다.

〈대구교도소 현장검증을 마치고 대구역에 나갔을 때 나(김기철)는 금식이와 마주쳤다. 나는 그를 원망에 찬 눈초리로 쳐다봤다. 이때 그는 대뜸 "지금까지 한 일은 모두 연극이었다. 어쩔 수 없이 너를 몰고 들어갔지만 걱정하지 말라"고 했다. 나는 그의 얼굴을 뚫어지게 바라보았다.

"수사진에 말려서 나온다는 이름이 너밖에 없더라. 한 열 달만 고생해라."

나는 내 귀를 의심했다. 처음에는 이놈이 또 무슨 수작을 부리려고 이런 말을 하는가 싶어 그의 말을 믿으려 들지 않았다. 그러나 그의 말투가 심각한 것을 보고는 '이제 제정신이 돌아오나 보다' 고 생각했다〉(〈부산일보〉 1969년 8월1일 김기철 씨 수기)

김금식 씨는 자신의 심경 변화를 뒤에 이렇게 설명했다.

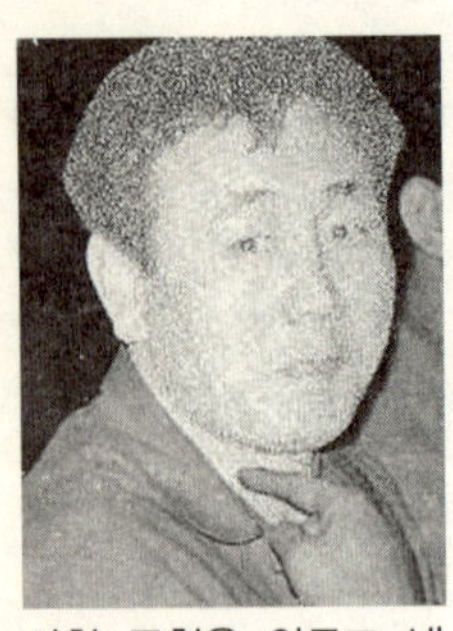

사형 구형을 앞두고 냉소하는 김금식 씨.

"형세는 점점 우리에게 불리해져갔다. 불법 출소가 굳어지면 범행을 부인해보았자 흉악범의 발버둥으로밖에 보이지 않을 것임은 뻔한 일이었다. 이때 나는 연극을 너무 깊숙하게 끌고 가 이제 헤어날 길이 어렵게 됐음을 깨달았다.

검찰이 기소하기 직전에 사실을 털어놓아 '검찰 우롱' 에 대한 벌을 받는 것으로 연극의 종장을 삼으려 했던 나의 계획은 金 검사의 사건 해결에의 집념에 부딪혀 불가능하게 된 것이다."

이밖에도 徐 변호사의 끈기 있는 설득과 이모의 울부짖음이 남긴 충격이 그의 전환을 몰고 온 요인들이었다.

10월28일 10회 공판이 열렸다. 법정에서 김금식 씨는 최형욱 씨와 스치자 "오늘은 바른말 하겠다"고 했으나 崔 씨는 믿지 않았다. 공판이 시작된 직후 박정표 재판장은 김금식 씨에게 "이제까지 한 말에 잘못이 없느냐?"고 물었다. 그는 이 지루한 공판을 마무리 지을 때가 왔다고 판단, 금식 씨의 진술을 의례적으로 재확인하려고 했던 것 같다. 朴 판사의 물음에 金 씨는 폭탄선언으로 답했다.

"지금까지의 진술은 모두 허위 자백이었다. 나는 전과자를 믿어주지 않는 법을 우롱하고 경찰과 검찰의 수사 능력을 테스트하려고 했다. 나는 불법 출소한 일이 없다. 불법 출소한 날에 했다는 행동은 모조리 만기 출소한 날에 한 행동이다.

허위 자백은 검찰청 직원 구영근 씨가 시키는 대로 맞춰 했다. 검사는 나를 자수자로 취급, 가벼운 형을 구형하기로 했으며 항소심의 관할 법원도 대구가 아닌 곳으로 바꿔주기로 했었다(注: 그가 대구교도소 교도관들을 물고 들어갔으므로 대구교도소를 피하자는 뜻). 정대범은 모르는 사람이며 검찰 조사 때 가르쳐주어서 알게 됐다. 검찰이 말하는 박영태는 유령 인물이며 실제로는 박태형이 박영태란 이름으로 나를 면회했을 뿐이다. 옆에 서 있는 다른 피고인들은 모두 억울한 고생을 하고 있다. 이 연극의 발단은 지난 3월 서부서에 낸 나의 투서로서…."

이것은 검사들에게 있어서 천장이 와르르 무너져 내리는 것과 같은 충격이었다. 그동안 쌓아올렸던 범행 立證(입증)의 구조물이 그 뿌리에서부터 뒤집어지는 순간이었다. 수사 기간 중, 그리고 재판 진행 중 변덕이 심한 金 씨를 달래는데 그토록 공을 들인 보람도 없이 그는 '인간 선언'을 하고 만 것이었다. 이날 김기철 씨의 형 이만 씨는 방청석에 앉아 있다가 뒤를 돌아보는 금식 씨와 눈이 마주쳤다.

"나의 성난 얼굴을 보자 그는 고개를 숙이며 두 손을 모아 잘못을 사죄하는 시늉을 하더군요.”

그때까지 김금식 씨의 진술이 믿을 만하다는 것을 보여주는
데 온 힘을 기울여왔던 검찰은 이제부터는 前科者(전과자) 김금
식 씨는 얼마나 믿을 수 없는 인간인가를 증명해야 할 입장으
로 뒤바뀌게 됐다. 검찰 측은 일단 다음 공판 때 김금식 씨의
자백 번복을 다시 번복시킬 자료를 제시하겠다고 재판부에 밝
힌 뒤 이 충격을 가누어야 했다.

7일 뒤 열린 제11회 공판에서 검찰 측이 내세운 증인은 성 모
였다. 그는 1967년 가을에 김금식 씨와 술을 마셨는데 날짜는
17일이었고 그때 금식 씨는 얇은 잠바를 입고 있었다고 했다.
검찰 측은 ‘얇은 잠바’ 를 입었다면 10월17일이 틀림없다는 궁
색한 논리를 펴려고 했던 것이다.

이어서 김태현 검사의 서기 방두환 씨와 구영근 씨가 증인으
로 나타났다. 방 씨는 수사과정을 이야기하면서 김금식 씨가
수십 번이나 시인과 번복을 되풀이 했다고 말했다. 구 씨는 금
식 씨의 간첩 관계 거짓말 때문에 중앙정보부, 경찰, 검찰, 군
병력, 함정까지 동원된 적이 있었다고 말했다.

두 사람의 증언은 김금식 씨의 변덕보다는 그런 金 씨를 유일
한 길잡이로 하여 수사를 해온 검찰 측의 작태를 폭로하는 것처
럼 들리기도 했다.

넉 달을 끈 이 재판의 구형 공판은 11월12일 오후 2시부터 부산지법 제1호 법정에서 열렸다. 방청석은 피고들의 친척, 친지, 가족, 그리고 기자들로 꽉 메워졌다.

이날 〈국제신보〉 사진부 김상업 기자는 김금식 씨와 또 마주쳤다. 금식 씨와 취재 기자들은 이젠 낯이 익어 서로 인사를 나누는 사이가 돼 있었다. 金 기자는 넉 달 동안 거의 출근하다시피 부산지법을 드나들고 있었다. 금식 씨는 金 기자를 보더니 손가락으로 목을 자르는 시늉을 하며 싱긋 웃었다. 金 기자는 금식 씨가 '오늘 나는 사형 구형을 받게 될 것이다'는 시늉을 하는 것으로 알았다. 金 기자는 "한 번 더 해봐"라고 했다. 금식 씨는 같은 몸짓을 했다. '찰칵!' 김 기자는 셔터를 눌렀다. 그날 〈국제신보〉엔 '나를 죽여?'라는 설명이 달린 금식 씨의 冷笑(냉소)하는 사진이 실렸다. 장난꾸러기 같은 표정의 금식 씨는 뱅긋 웃고 있었다. 이때쯤 거의 모든 취재 기자들은 피고인들이 무고하다는 느낌을 갖고 있었다.

"나는 사진 기자라는 직업상 머리를 푹 숙이고 참회하는 모습의 피고인을 찍으려고 애썼습니다. 보통 피고들은 못에 힘을 주고 있다가도 재판이 진행되면 풀이 죽기 시작하여 고개를 떨구게 되고 그때를 기다려 셔터를 누르지요. 그런데 이들은 통 그런 모습을 보이지 않았습니다. 모두가 고개를 빳빳하게 치켜

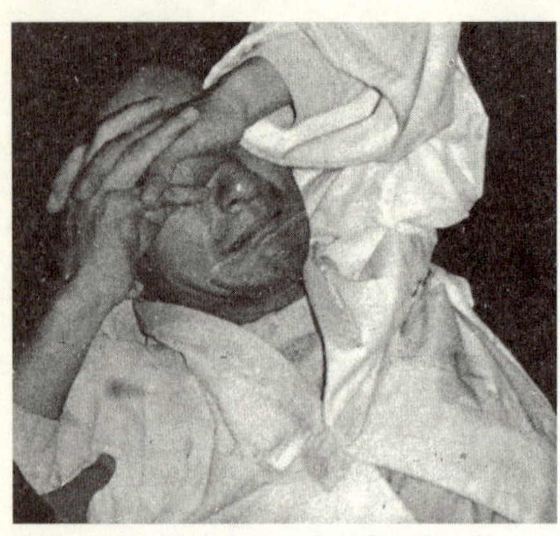

유죄 선고가 떨어지자 쓰러져 울부짖는 한 교도 관.

들고 성난 표정을 짓고 있었습니다. 나는 아무래도 이상하다는 생각을 자주 하게 되었습니다."(김상업 기자)

이날 검사들은 두 시간에 걸쳐 준엄한 斷罪(단죄)의 논고를 했다. 검찰 측은 이번 사건은 사상 최고의 지능범죄라고 말하고 다섯 가지의 범죄 특색을 들었다. ①완전범죄를 꾀한 치밀한 계획성 ②칼을 근하 군의 가슴에 꽂아둔 채 뽑지 않아 피를 한 방울도 흘리지 않게 한 잔인성 ③살해 장소를 근하 군 집 근처로 택하고 시체유기 장소를 人家(인가) 근처인 해안통으로 선택한 대담성 ④인간성을 팔아가며 돈에 눈이 뒤집힌 외삼촌의 비인도적 소행 ⑤교도관과 짜고 당당히 불법 출소, 국가가 보장하는 알리바이를 조작한 기상천외의 지능. 김태현 검사는 이번 사건의 특수성을 그렇게 요약한 뒤 "이들의 천인공노할 범죄에 하늘은 편들지 않았기에 시체는 유기되기 직전에 발견되고 책가방 등 유류품이 남아 근하 군의 원혼을 달랠 수 있도록 했다"고 말했다.

검찰 측은 최형욱, 김금식, 김기철 씨 등 세 사람에게 사형, 여광석 교도에겐 징역 15년, 이석연 교도보에겐 징역 10년, 나머지 두 교도에겐 징역 1년씩을 구형했다.

사형이 구형되어도 피고인들이나 방청석의 가족들은 태연하기만 했다. 이 또한 보통 재판에선 볼 수 없는 광경이었다. 김금식 씨는 싱글싱글 웃으며 형사소송법 제309조를 기자들이 들으라고 줄줄 외고 있었다.

"피고인의 자백이 고문, 폭행, 협박, 신체 구속의 부당한 장기화 또는 기망 기타의 방법으로 임의로 진술한 것이 아니라고 의심할 만한 이유가 있을 때는 이를 유죄의 증거로 삼지 못한다."

"내 죄를 아직도 모른다"

기철, 형욱 씨는 표정 없이 담담한 모습이었고 울음보를 터뜨리는 가족들은 아무도 없었다. 모두가 검찰의 이 정도 구형을 예상하고 있었기 때문이었다.

"우리가 억울하다는 것을 우리 스스로가 너무나 잘 알고 있었으므로 방청석에 나가 앉아 있어도, 사진 기자들이 셔터를

눌러대어도 도무지 부끄러운 줄을 모르겠더군요.”(최형욱 씨의 아내 ㄱ씨)

서윤학, 한봉세 두 변호인은 다음과 같은 요지의 변론을 했다.

〈검찰이 쫓고 있는 주범 박영태가 실존인물인지 가공인물인지 기록상으로 보아 희미하다. 변호인측은 박태형 씨와 박영태는 동일 인물로 본다. 박영태가 없는 이상, 또 박태형이가 主犯이 아니라면 공소 유지를 할 수 없다. 검찰의 기소 사실과는 정반대로 근하 군의 아버지는 紙物(지물)을 밀수한 적이 없고 형욱 씨는 기철, 금식 씨와는 알지 못하는 사이다. 여 교도가 이 중대사건에 큰 돈은 커녕 외상 약속만 받고 죄수를 불법 출소시키겠나? 검찰이 제시한 증거는 증거 능력이 없는 것들이다. 수사에 관여해선 안 될 사람이 수사에 관여했다. 수사권이 없는 자가 어찌 검사를 보좌했는지…. 검찰 입회 서기가 참여하지 않고 한 검사의 피의자 신문은 증거 능력이 없다〉

피고인들의 최후 진술요지는 이러했다.

최형욱: 내가 왜 구속됐는지 아직도 잘 모른다. 억울한 죄를 받지 않도록 재판부에서 잘 밝혀주었으면 싶다.

김금식: 나는 어떠한 벌을 받아도 무방하다. 나의 거짓 자백 때문에 무고한 사람들을 욕보이고 있으니 미안할 뿐이다. 검

찰은 불가능을 가능케 만들었다. 하지도 않은 짓을 했다고 거짓말을 하면 그 말에 따라 증거를 만들었다.

김기철: 자다가 생각해도 괘씸하다.

여광석: 몇 사람의 연극에 의해 15년 징역이라니 억울하다. 죄가 있다면 그날 당직한 죄밖에 없다.

이석연: 억울하다.

고화욱: 잘 판결해달라.

정시식: 직무 유기했다면 천벌을 받겠다. 왜 이 법정에 섰는지 억울해서 잠을 못 이룬다.

정대범도 자백 번복

구형 공판 다음날인 11월13일 군수기지사령부 보통군법회의 법정에선 정대범 피고인에 대한 사실 심리가 있었다. 이날까지 적극적으로 자신의 범행을 자백해오던 그는 고분고분하던 태도를 바꿔 약 30분 동안 검찰관의 신문에 묵비권을 행사했다. 재판장은 30분 동안의 휴정을 선포했다. 속개된 공판에서 鄭 씨는 말문을 열었다.

"나는 근하 군을 죽이지 않았다. 지금까지 말한 것은 모두 구영근 사범이 시킨 대로 한 거짓 자백이다. 나는 최형욱, 김금

재판정에서 검사들을 노려보고 있는 김기철 씨.

식, 박영태는 전혀 모른다. 김기철은 고등학교 다닐 때 알았고 구영근은 고교시절 유도 사범이었다. 지금껏 거짓 진술을 계속해온 것은 김태현 부장검사가 식사와 술, 용돈까지 주는 등 나에게 무척 잘 대해주었기 때문이었다. 또 구영근이 금식 씨의 진술대로 말하지 않으면 간첩으로 고발한다고 해서 그렇게 했고 징역도 조금만 준다고 해서 허위 자백을 해온 것이다. 근하 군이 살해된 1967년 10월17일 밤에는 친구 영철이하고 탁구를 쳤다.”

변호인은 “왜 갑자기 심경변화를 일으키게 됐느냐?”고 물었다. 鄭 씨는 방청석에 앉아 있는 어머니를 보고 눈물을 글썽거리더니 입을 뗐다.

“오늘 법정에서 어머니를 보니 사실대로 말할 용기가 났다. 부산지법에 증인으로 나가 증언할 때도 허위 진술을 한 것은 화가 났기 때문이었다. 나는 법정에 서기 전 김태현 부장검사실에 불려갔다. 金 검사는 ‘김금식과 최형욱은 범행을 부인하

148

고 너 혼자를 범인으로 몰고 있다’고 했다. 나는 저들만 살려고 한다고 생각하니 분통이 터졌고 그래서 네 사람이 공모, 근하 군을 죽였다고 말했다.”

이어서 정대범 피고인은 검찰이 제시했던 물증까지 ‘조작’이라고 몰아 붙였다.

“범행 당일에 입었다는 청색 바지, 잠바, 흰 무늬 운동화도 전부 날조된 것이다. 구영근이 그렇게 말하라고 해서 그랬을 뿐이다.”

이로써 검찰 측에 가장 열성을 내어 협조를 해왔던 두 사람은 마지막 순간에 와서 자신들의 진술을 뒤엎으며 검찰 수사의 진상을 폭로하고 나온 것이었다. 검찰의 성채를 지키고 있던 두 수문장은 스스로 성문을 활짝 열어젖히고 변호인단에 투항한 셈이었다.

정대범 씨가 갑자기 태도를 바꾼 것은 바로 전날 검찰이 형욱, 기철, 금식 씨에게 사형을 구형하는 것을 보고 자신이 속았다는 판단을 했기 때문일 것이다. 아직 철모르는 애송이 청년 정대범 씨는 “군대 생활하는 정도의 징역을 주겠다”는 具 사범의 말을 믿고 있었던 듯하다.

불우한 소년기를 보낸 금식, 대범 씨 모두가 이모와 어머니의 모습을 보고 가슴속에 잠재워둔 양심과 용기를 다시 일깨울 수 있었다고 말했다.

1심 선고 공판은 求刑(구형) 열흘 뒤인 11월22일에 있었다. 그 동안 세 판사들은 부민동의 한 여관에 틀어박혀 공판 서류를 검토했다. 검찰의 공소 사실 기록만 해도 1만3000여 쪽에 이르렀고 변론 기록은 56쪽으로 매우 짧았다. 판사들은 이 방대한 기록을 세 번씩 검토했다.

선고 공판 날 부산지법 법정에는 오전 10시부터 방청객들이 몰려들기 시작, 서로 먼저 들어가겠다고 다툼이 벌어지기도 했다. 10시37분 말쑥하게 면도를 한 일곱 피고인들이 입장했다. 김금식 씨는 늘 깨끗한 한복을 입고 있었는데 '양심선언' 이후에는 남루한 囚衣(수의)로 옷차림이 바뀌어져 있었다.

死刑선고로 난장판이 된 법정

그는 히죽히죽 비웃는 웃음을 떠올렸고 다른 피고인들은 무표정했다. 11시2분쯤 김태현 검사 등 세 명의 검사가 들어왔다. 뒤이어 박정표 판사 등 세 판사가 입장했다. 피고인들은 모두 일어났다. 박정표 재판장은 "김금식, 김기철, 최형욱"이라고 세 사람을 차례로 부르더니 "사형을 선고한다"고 말했다.

세 사람은 잠시 뒤통수를 얻어맞은 듯 멍하니 서 있었다. 朴

판사는 이들에게 한
번 더 알려주려는
듯 "너희들 알았
나?"라고 소리쳤다.
그리고는 오른쪽의
송기방 판사에게 판
결 이유문을 읽도록
했다. 이런 선고 방

사형선고를 받는 김금식, 김기철, 최형욱 씨(左로
부터)

식은 퍽 드문 것이었다. 판결 이유문을 먼저 읽고 刑量(형량)을
적은 主文(주문)을 낭독하는 것이 상례인데 박 판사는 거꾸로
진행했던 것이다.

　宋 판사가 판결문을 읽어내려갔다. 그때 물을 끼얹은 듯 조
용한 법정의 공기를 가르는 울부짖음이 터져나왔다.

　"이놈들아, 날 죽여라."

　여광석 피고의 어머니였다. 이것이 하나의 신호였다.

　"판결 이유는 읽어서 뭘 해!"

　"판사 앞에서 왜 말 못해? 여기는 억울한 사람뿐이다."

　"억울하다, 나도 죽여라!"

　그때까지 넉 달 동안 얌전하게 재판을 지켜보아왔던 피고 가
족들은 한꺼번에 들고 일어났다. 간수들이 말려도 소용이 없었

다. 일부 방청객들은 판사 자리에까지 뛰어올라갔다. "이게 무슨 재판이냐"고 주저앉아 통곡하는 이들도 있었다. 경찰관들이 들어와 가족들을 법정 바깥으로 질질 끌고 나갔다. 그들은 바깥복도에서 법정 문을 두들기며 울음보를 터뜨렸다.

高 피고인은 '욱' 하면서 졸도해버렸다. 최형욱 씨는 "어떤 놈들이 이런 판결을 내렸느냐?"고 절규했다. 김금식 피고인은 "이 따위 판결이 어딨어?"라고 고함을 내질렀다.

宋 판사의 판결 이유문 낭독을 듣는 사람은 그를 에워싼 취재 기자들뿐이었다. 이유문 낭독 소리는 피고들과 가족들의 저주와 고함 소리에 눌려 들리지도 않았다.

"나는 죽었다가도 살아나는 김금식이다. 증인 구영근이가 쇠고랑을 차고 내가 증언대에 오를 날이 있을 것이다."

김금식 씨는 여유 있게 웃음을 띠고 적당히 성도 내어가면서 이 북새통 속에서 사진 기자들의 플래시를 받기에 바빴다. 그는 이 드라마의 클라이맥스에서 주연배우의 몫을 단단히 하고 있었다.

宋 판사가 읽은 판결문의 알맹이는 이러했다.

〈검사의 공소 사실을 모두 인정한다. 검찰과 재판부가 현장 검증을 마치고 채택한 증거품인 노끈, 마분지 상자, 칼을 확실한 증거품으로 인정하는 한편, 피고인 김금식이 9회 공판 때까지 시종일관 범행을 시인한 진술과 이에 따른 물증 및 증언, 그리고 대구교도소를 출소한 날짜가 근하 군이 살해된 10월 17일임을 뒷받침하는 증거들은 모두 충분하다고 인정한다. 진술을 번복하기 시작한 10회 공판 이후의 피고들 진술은 증거와 타당성이 없는 횡성수설에 불과하다〉

증인으로 나온 김근하 군의 아버지 김용선 씨.

박정표 재판장은 또 여광석 교도에겐 징역 5년, 이석연 교도보에 징역 2년, 고·정 두 교도에겐 징역 여덟 달씩을 선고했다. 이 판결에 대해 김태현 검사는 "준엄한 법의 正義(정의)를 보여주는 지당한 판결이었다"고 평했다. 서윤학 변호사는 격한 말을 했다.

"한심한 판결이다. 재판소는 부산에만 있는 게 아니다. 무죄를 밝혀내고야 말겠다."

서 변호사나 한봉세 변호사는 그러나 1심에는 큰 기대를 걸지 않았었다. 두 사람은 피고인들에게 몇 번이나 "여기서는 각오해야 한다"고 말했다는 것이다.

최형욱 씨도 "결과가 그렇게 나올 줄 예측은 했었다"고 말했다. "재판진행이 피고들에게 불공평하게 진행되고 있다고 나는 생각했다. 내가 억울한 사정을 진술하려고 하면 번번이 판사가 '묻는 말에만 답하라'고 막는 등 편파적인 진행을 하는 것 같았다. 더구나 장소는 부산이었다. 부산의 검찰이 사건을 조작하기엔 편리한 곳이었다. 근하 군이 살해된 그날 밤에 나는 집에서 잠을 잤고 이 사실을 옆방 사람들이 모두 알고 있었다. 검찰 측이 철도 공무원인 옆방 사람이 나에게 유리한 증언을 못하도록 압력을 넣기도 했었다."

피고들이 재판부를 덜 믿고 있었는지는 모르나 막판에 가서 금식, 대범 씨가 범행을 부인하는 등 피고들에게 유리한 상황이 펼쳐져 은근히 희망을 갖게 됐는데 死刑 선고가 내려졌으니 그들의 정신적 충격은 대단했을 것이다.

〈"김기철에게 사형을 선고한다"는 말이 떨어졌을 때 나는 온몸의 피가 역류하는 것같이 느꼈다. 한참 동안 아무것도 보이지 않았다. 그날 아침 우리를 호송해간 교도관들이 "선고를 받거든 조용히 해! 무엇을 부수거나 해서는 안 돼!"라고 주의를 준 것이 사형 선고를 예감케 했지만, 나는 한동안 멍청하게 서 있기만 했다. 그리고 피식 웃었다. 감방으로 돌아온 나는 몸뚱이를 가눌 길 없어 벌렁 자빠졌다〉(〈부산일보〉 1969년 8월2일,

김기철 씨 수기)

이 드라마의 각본을 쓴 장본인 김금식 씨도 불안했다.

〈死色(사색)이 된 동료들 때문에 나도 일순 무서운 생각이 들었다. 2심이 있고 마지막 대법원에서의 재판이 있으니 사실은 사실대로 밝혀질 것이라 믿었지만 '誤判(오판)은 선진국에서도 흔히 있다'는 사실이 두려움에 더욱 부채질을 했다〉(〈국제신보〉 1969년 12월15일 김금식 씨 수기)

일부 취재 기자들에게도 유죄 선고는 뜻밖이었다. 처음부터 수사의 진실성을 의심하고 있었던 신상욱 씨(당시 〈합동통신〉 기자)는 "이럴 때는 정말 하느님이 있어야 되겠다"는 생각이 들더라고 했다.

피고들은 대구고등법원에 항소했다. 검찰도 교도관들의 선고 형량에 불만이 있다는 형식상의 이유를 들어 항소했다.

<table>
<tr><td>항소이유서</td></tr>
</table>

형제 69노26

서기 1969년 1월31일

대구고등법원 귀중

대구교도소 재감 피고인 김기철(32세)

본적: 경남 밀양군 무안면 무안리 828번지의 18

현주소: 부산시 부산진구 범천2동 14통 5반

본 피고인은 서기 1968년 11월22일 부산지방법원에서 강도 살인 등 죄로 사형을 선고받고 그 판결에 불복하고자 항소를 제기합니다.

항소 이유 사실

법은 분명 뭇 인간을 위하여 만들어진 것이지 몇몇 수사관을 위해서 만들어진 법은 아닐 것입니다. 그리고 법은 죄인을 벌하고 죄 없는 사람은 벌하지 못할 것입니다. 그렇다면 죄 없는 본 피고인과 같은 경우는 위법이라 하지 않을 수 없습니다. 분명 방증이 없는 진술은 유죄로 인정치 못할 것인즉 어떻게 유죄로 판결을 내렸는지 본 피고인에게는 정말 이상한 누명이라 하지 않을 수 없으며 약하고 무식한 피고이지만 흉측한 누명을 쓰고 죽어야 하겠음은 생명이 있는 한 본건 사건에 대한 수수께끼를 풀고 말 것입니다.

정신이상자와도 같은 두 사람의 방증이 없는 진술을 인정하고 죄 없는 사람을 죽여야 한다면 오판이라 하지 않을 수 없습니다. 본 피고인의 누명을 쓰게 된 시초를 다음과 같이 서면으

로 올리오니 재삼 관찰하시와 사필귀정의 판결이 내리시기를
바라면서,

　1. 본 피고인은 서기 1961년 7월에 제대하여 그 후 여러 가지
사업에 종사하여 생계유지를 해오던 중, 서기 1967년 친우 최
두영이의 알선으로 9월1일부로 부산시 개금동 소재 동일교통
주식회사에 종업원으로 종사 중 서기 1968년 5월4일 오후 9시
경 본 피고인의 본가에서 뜻 아닌 수사관들의 습격을 받아 감
금된 이후 말 못할 정도의 흉측한 고문을 받고서도 무슨 영문
인지 몰라오던 중 흉측스럽게도 본건 사건의 진범으로 누명을
쓰고 오늘에 이른 것입니다.

　2. 혹독한 고문으로 흉측한 누명을 씌워놓고 현장 조사를 다
닌다면서 본 피고인이 한 번도 가보지 못한 곳을 짐승을 끌고
다니듯 하면서 한 번도 듣지도 보지도 못한 최형욱이(注: 필자가
붙인 가명)와 정대범이를 옛날부터 잘 아는 사이같이 검사님은
허위진술, 조작하였던 것입니다.

　본 피고인은 그렇지 않다고 하였는데도 불구하고 흉측한 고
문 자체가 위법이 아니겠습니까. 본 피고인도 법에는 응해야
하는 피고입니다. 그러기에 법을 다스리는 수사관님들이 시키
면 시키는 대로 때리면 때리는 대로 매를 맞았습니다. 이렇게
누명을 쓰는 데는 법이라 해도 응할 수 없습니다. 본 피고인이

죄가 있다면 정신이상자를 알았다는 죄뿐입니다.

그리고 검사님의 엉터리 공소사실을 보면 교묘한 알리바이를 만들어 놓았습니다만 본 피고인이 모르는 공소사실을 누가 만든 것인지 의문이며 오늘날 법치국가라 하는 민주주의 사회에서 이러한 식으로 죄 없는 사람을 죽인다면 백성들은 공포심에 살아가기가 곤란할 것이며 사회는 무법국가가 되고 말 것입니다.

3. 검사님의 엉터리 조서를 인정하고 병만을 만들어 약만 팔아서 자기의 이욕만 채우려는 돌팔이 의사에 비할 바 없는 위법 검찰관님의 엉터리로 작성된 조서만으로 오인을 하고 유죄로 판결을 내렸음은 부당한 판결이라 하지 않을 수 없습니다.

소송기간 6개월을 두고 조사를 하였지만 어느 누구가 진범이다 하는 증인도 없고 증거물도 없는데 단순히 정신이상자와 같은 김금식이와 정대범 피고인의 방증이 없는 진술로 죄 없는 사람을 진범으로 인정하였음은 법치국가에서는 행할 수 없는 사실이라 하겠습니다.

4. 분명 본 피고인은 사건 당일 동일교통주식회사에 근무하고 있어서 서면과 같이 근무한 사람으로서 경남 영업용 1195 차주 김항구와 경남 영업용 1194 차주 김상태, 그리고 동일교통주식회사 내 조수 이석우 등 여러 사람이 있는데도 검사님은

증인을 거절하였습니다. 본 피고인은 회사에서 모든 잡일을 보았습니다. 오전 6시부터 배차를 하고 있는데 배차원이 아침 일찍 나오지 않기 때문에 본 피고인은 회사에서 잠을 자고 있기 때문에 오전 6시부터는 본 피고인이 배차원이 나올 동안 보아주고 배차원이 출근을 하면 배차 일지를 인계하여줍니다.

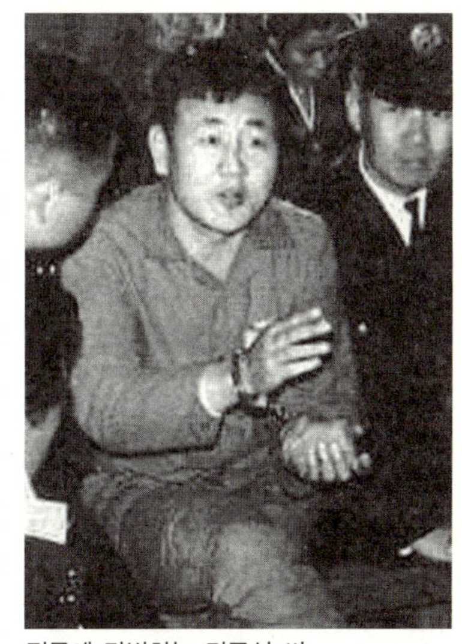

질문에 답변하는 김금식 씨.

배차를 보아주라는 회사에서의 지시는 없지만 배차원을 생각해서 보아주고 했습니다. 본 피고인이 근무하는 날까지는 이런 식으로 근무하여 왔습니다. 사건당일 배차표에 기재되어 있는 필적도, 배차 일지에도 본 피고인 필적이 되어 있는데도 불구하고 검사님은 허위조작이라고 하였던 것입니다. 본 피고인의 회사에서는 배차 일지와 배차표가 있습니다. 배차 일지는 회사에 보관되고 배차표는 각 차에 한 장씩, 아침 첫 배차할 적에 가지게 됩니다.

혹시 이런 수는 있습니다. 본 피고인이 글씨가 나빠서 배차 원이 출근하여 배차 일지를 보고 글씨가 나쁘면 다시 작성할 수 있지만 차들이 가지고 다니는 배차표는 잊어버리든가 찢어 지면 다시 작성할 수 있지만 그렇지 않고서는 다시 작성할 수 없습니다.

그런데도 불구하고 서기 1967년 10월18일 사건 이튿날 배차 일지에는 본 피고인의 필적이 아니고 배차표에는 본 피고인의 필적이 되어 있는데도 불구하고 검사님은 조작을 하였다고 주장하고 있습니다. 본 피고인은 서기 1967년에는 만나보지도 못한 김금식이를 만난 것처럼 하고 본건 사건을 조작하였던 것입니다.

본 피고인은 서기 1968년 1월 초순경에 김금식이가 찾아와 만난 사실은 있습니다. 서기 1968년 1월 초순경에 만난 김금식이를 검사님은 서기 1967년 10월17일에 만난 것처럼 하고 본 피고인이 대구에 간 사실도 없는데 대구에 올라가서 불법 출소한 김금식이를 만나 마분지 상자를 사가지고 부산으로 내려와 미리 약속한 정대범이를 본 피고인이 인사를 시키고 부산시 부산진구 범천동 소재 진주상회에 가서 술을 먹고 또다시 부산시 부산진구 범천동 소재 돼지국밥집에 가서 술과 국밥을 먹고 거기서 9시경에 사건 장소에 가서 김금식이와 본 피고인은 망을 보고 있었다고 검사님은 주장하고 있지만 본 피고인은 사건장소도 모르고 죽은 사람의 얼굴도 모르는 것만도 아니라 몇 살이나 먹었는지도 본 피고인은 모릅니다.

5. 현명하신 재판장님. 끝으로 재삼 관찰하시와 사필귀정의 판결이 있기를 바라면서 이유서를 대합니다.

서기 1969년 1월31일

대구교도소재감 피고인 김기철

본인의 무인임을 증명함 교도보 이상억

피고들과 그 가족들에게 있어서 1심 선고 날부터 2심 공판 시작까지의 석 달간은 피를 마르게 하는 고통의 계절이었다.

그들의 억울하다는 울부짖음은 사형 선고라는 '유죄 公認(공인)'으로 제3자들에게는 설득력이 없어져버렸다. 더구나 1968년 12월3일 군사법정에서 정대범 씨마저 사형 선고를 받았다.

"기철이가 사형 선고를 받은 날 나는 방청석에서 잠시 기절해버렸습니다. 집에 돌아와서는 고물상이고 뭐고 때려치우고 계속 술만 퍼마시기 시작했지요. 이웃과 만나는 것도 겁이 납디다. 내가 아무리 변명을 하고 이웃사람들이 아무리 위로의 말을 해도 그들은 속으로 우리를 비웃고 있는 것처럼 느꼈습니다."(김이만 씨의 말)

기철 씨가 잡혀간 뒤 화병으로 자리에 누웠던 그의 어머니가 "너희들 면회 가지 마라. 기철이는 곧 나올 거야"라는 헛소리를 하다가 숨을 거둔 것도 이 무렵의 일이었다. 감방 속의 피고들이 느꼈을 불안은 상상만으로 족할 것이다. 법정에서 아무리 애절하게 자신들의 무고를 외쳐대도 '현명한' 판사들에겐 흉악범들의 몸부림으로밖에 받아들여지지 않았음을 확인 했을 때의 무력감과 배신감, 이런 誤判(오판)이 앞으로도 되풀이돼 '법정살인'의 희생물이 되고야 말 것이란 불안감은 그들의 가슴을 죄고 속골을 쑤셨을 터이다.

"내 목 갖고 가십시오"

무대는 이제 대구로 옮겨졌다. 그것은 큰 변화였다. 부산지검이 부산교도소나 부산지법, 부산의 기자들과 부산 사람들에게 미칠 수 있는 영향력이 대구교도소, 대구고등법원, 대구의 기자들과 대구 사람들에게는 통할 리가 없었다.

"대구교도소로 옮겨오니 우선 대우가 달라집디다. 부산에 있을 때는 줄곧 가죽 수갑을 차고 있어야 했는데 그것이 풀리고 모두 동정의 눈초리로 저희를 바라보는 것 같았습니다. 교도소 직원들은 동료 직원들과 우리가 모두 억울하게 엮이어 들어갔다는 것을 알고 있었으므로 우리를 따뜻하게 대해주었습니다. 그들은 이번에는 훌륭한 판사들이 사건을 맡았으니 안심해도 좋은 것이라고 위로도 해주더군요."(최형욱 씨의 회고)

2심의 재판장은 공교롭게도 김태현 부장검사의 이름과 한자까지 꼭 같은 김태현 부장판사였다. 검찰은 김태현, 정경식, 이원형 검사를 임시로 대구고검에 발령, 이 사건을 맡게 했다. 항소심 첫 공판은 해가 바뀌어 1969년 2월21일 대구고법 대법정에서 열렸다. 이날 모든 피고인들은 검찰의 기소 사실을 부인했다. 김금식 씨는 검사들을 비웃듯이 "지금이라도 할 수 있으면 더 농락하고 싶다"고 했다. 이날 법정 신문도 김금식 씨의 불법 출소 여부에 그 초점이 맞추어졌다.

검찰의 신문은 거의가 1심에서 되풀이된 내용이었다. 변호인단(서윤학, 박찬)에선 "2심 구류 만기가 3월22일이니 원심에서 신문한 사실을 되풀이 하지 말라"고 요구했다. 첫 공판이 끝난 뒤 김태현 부장판사는 어떤 확신을 얻었는지 "이 재판은 질질 끌 필요가 없겠다"고 徐 변호사에게 말했다고 한다. 7일 뒤 두 번째 공판, 이날에도 불법 출소 문제가 주로 거론됐다. 김금식 씨는 거듭 "검찰 신문 조서에 기록된 내용은 전부 거짓말이다. 항소심에서 진술하는 것만이 사실이다"고 말하며 불법 출소 사실을 부인했다.

그는 또 검사들을 향해 "당신네들을 위해 죽어달라면 죽어줄 용의도 있다"고 내뱉기도 했다. 2차 공판을 끝낸 뒤 재판부는 검사들과 변호인단을 데리고 서울로 갔다. 정대범 씨를 신문하기 위해서였다.

정대범 씨는 1968년 12월3일 군수기지 사령부 보통군법회의에서 사형선고를 받고 서울 고등군법회의에 넘어가 있었다. 서울행 기차간에 판사, 검사, 변호사들은 함께 탔지만 재판 이야기는 서로 꺼내지 않았다고 한다. 서울의 군 교도소로 정대범 씨를 찾아간 그들은 바로 신문에 들어갔다. 정 씨는 물론 범행 일체를 부인했다. 金 검사가 "1심에서는 시인하다가 왜 번복을 하느냐?"고 물었다. 정 씨는 "그건 김 선생님이 더 잘 아시지 않습니까? 내가 어디 하고 싶어 시인을 했습니까? 내 목숨이 그렇게 갖고 싶거든 갖고 가십시오"라고 쏘아붙이며 자신의 목을 가리켰다.

이어서 鄭 씨는 金 판사에게 "대구로 내려가시거든 피고인들에게 미안하다는 말을 전해주십시오"라고 당부했다. 재판부는 鄭 씨에 대한 출장 신문을 끝으로 법정 신문을 끝냈다. 3월 7일 검찰 측은 1심 형량과 꼭 같은 구형을 했다. 이제 피고인들은 아무도 놀라지 않았다. 꼭 같은 검사에 꼭 같은 구형은 너무나 당연했던 것이다.

"피고인 등은 각 무죄"

선고 공판은 3월21일에 열렸다. 김태현 부장판사는 200자 원고지 약 200장분의 판결문을 읽어 내려갔다. 그는 주로 피고인들의 진술이 고쳐지고 추가되고 번복되어간 과정을 짚어가며 논고를 해갔다.

"…김금식은 1968년 5월9일 검찰 진술에서는 범행을 저지른 날 밤 대구로 돌아와 사창가에서 잤다고 했다가 5월13일에는 참새구이집에서 잤다고 수정했다. 5월18일 검찰 진술에선 마분지 상자를 살 때 정대범이 함께 따라갔다고 또 진술을 수정했으며 5월26일에는 만기 출소날은 1967년 10월16일이라고 했다가 사흘 뒤 11월17일이라고 또 고치고 6월5일에는 이 사건은 공산당의 지령에 의한 것이라 하여 박영태 위에 최형욱, 그 위에 김 마담, 다시 그 위에 황 선생이 있고 자신도 공산당에 가입했다고 횡설수설했다. 7월18일에는 또 칼과 노끈을 산 것은 자기였다고 앞의 진술을 뒤엎었고 10월4일의 진술에선 불법 출소할 때 1숨 14방에 다시 들어가 죄수복으로 갈아 입었다고 또 앞의 진술을 고치는 등…."

김 판사는 정대범 씨의 진술 내용도 시간별로 나열, 대비하여 범행 사항이 진술 때마다 바뀌어간 과정을 설명한 다음 결론에 들어갔다.

"무릇 살해 사실인 무거운 사실을 자백하는 사람이 그 주변적 사실인 가벼운 사실을 자백하게 됨은 우리의 경험률이다. 이와 반대로 주변적 사실이 여러 번 변경 또는 추가되는 경우는 무거운 사실에 관한 자백도 허위라고 보아야 한다. 김금식과 정대범의 진술을 볼 것 같으면 오로지 공소사실에 부합되는 방향으로 주변적 사실이 변경 또는 추가되고 있음을 간취할 수 있다.

이는 숨겼던 사실을 점차 자백해가는 과정이라고 주장할지 모르나 그런 경우는 가벼운 사실을 점차 자백하고 무거운 사실을 숨겼던 자에 해당하는 이론이고 이 사건과 같이 무거운 사실을 먼저 자백한 경우는 가벼운 사실에 관하여도 알지 못하는 자가 공소 사실에 맞추어가는 과정이며 이는 필경 무거운 사실에 관하여도 알지 못한 자가 허위 자백한 경우라고 보아야 할 것이다."

요컨대 살인이란 무거운 사실을 이미 자백한 金, 鄭 피고인이 범행 모의, 범행 도구 구입, 불법 출소 따위의 가벼운 주변적 사실의 진술에서는 앞뒤가 맞지 않은 얘기를 되풀이한 것으로 미뤄 무거운 사실(살인)의 자백 자체도 믿을 수 없다는 논고

였다. 金 판사는 또 정대범의 현장검증 때 칼질과 剖檢(부검)에
나타난 상처가 서로 맞지 않다는 사실, 김기철의 배차표에 의
한 알리바이 성립, 김금식의 감방 동료에 의한 알리바이 증명,
가공인물 박영태의 문제 따위를 들어 검찰의 기소 사실을 전면
부인했다.

金 재판장은 판결 이유문을 다 읽은 뒤 주문을 짤막하게 낭
독했다.

"원심 판결을 파기한다. 피고인 등은 각 무죄. 검사의 소를
기각한다."

피고인들의 침통했던 얼굴에는 갑자기 화색이 돌았다. 그들
은 잠시 눈을 지그시 감고 선고가 끝났는데도 자리를 뜰 줄 몰
랐다. 최형욱 씨는 "내가 무죄선고를 받아서 기쁜 것이 아니
다. 조카를 잃고 범인으로 몰려서야 말이 안 된다"고 울먹였
다. 김금식 씨는 "흑백이 가려질 줄 알았다. 정의는 꼭 승리할
것이라고 보았기 때문에 별로 기쁜 줄은 모르겠다"고 말했다.
여광석 씨는 "사필귀정이다"고 했다.

한편 이 지긋지긋한 사건과 씨름해온 김태현, 이원형, 정경
식 검사의 얼굴에는 피로한 빛이 완연했다. 이때까지 피고인들
을 노리개처럼 갖고 놀며 온갖 저주, 모욕, 비난, 꼬집음, 경멸
을 다 쏟아 부었던 신문들은 뒤집힌 선고에 '그럼 그렇지' 란

제목을 달기도 했다.

검찰은 2심 판결에 불복, 대법원에 상고했다. 1969년 7월15일 이 기괴한 사건에 또 다른 기록을 덧붙이는 판결이 나왔다. 육군 고등군법회의는 정대범 피고인에게 또 사형을 선고한 것이었다. 같은 사건에 대해 상반되는 판결이 나온 것이었다. 재판장 홍순호 대령은 鄭 씨의 자백은 진실성이 있다고 판단, 鄭 씨의 항소를 기각하고 그같이 판결한 것이었다.

아무리 판결이 판사의 자유심증주의에 따른 것이라고 해도 이처럼 같은 사건에 대해 한쪽은 '죽음'을 요구하고 다른 쪽은 '무죄'를 선고한 사례는 달리 찾아보기 어렵다. 7월19일 검찰은 738쪽에 달하는 상고이유서를 대법원에 냈다. 상고이유서는 큰 사건이래야 30~40쪽인데 이 상고이유서는 한국 재판사상 가장 긴 것이라고 보도되었다.

이 상고이유서를 만들기 위해 김태현 검사 팀은 한 달 동안 다른 업무를 제쳐놓고 호텔에서 철야작업을 해왔다는 것이었다. 그때 金 검사는 서울지검으로 전보발령을 받은 뒤 였으나 이 사건에서 손을 뗄 수는 없었던 것이다.

검찰은 이 상고이유서에서도 "이 사건은 초인적인 지능 범죄의 특수성을 갖고 있으므로 특수한 논리로써 판단해야 한다"고 주장했다. 검찰은 "범인들이 미리 준비한 계략에 따라

허점을 남기는 진술 전법을 쓰는 등 다른 사건과 다른 점이 많은데도 2심 재판부가 이를 입체적 총괄적으로 파악하지 못했으며 합리적인 이유 없이 증거를 배척했다”고 주장했다.

이 상고이유서를 읽어본 나의 소감은 ‘억지도 이런 억지가 없다’는 것이었다. 논리성이나 상식이라곤 찾아볼 수 없는, 끔찍이도 긴 상고이유서는 언어의 타락, 언어의 낭비성을 연구하는 데 꼭 참고해야 할 자료일 것이다.

"대한민국을 다 뒤져도 다른 범인은 없다"

1969년 7월25일 오후 대법원 형사1부(재판장 홍순엽, 주심 주재광, 배석 양희경·이영섭 판사)는 상고심 선고 공판을 열고 검찰 측 상고를 이유 없다고 기각, 원심대로 일곱 피고인들에게 無罪(무죄)를 확정시켰다. 이날 재판부는 “공소 사실이 적법한 증거에 의해 유죄의 확신 단계에 들어서지 않는 한 법원은 그 피고에 대해 무죄 판결을 내릴 수밖에 없다”고 전제, “검사가 제출한 증거자료를 분석해볼 때 범행을 정황적으로 보강해주는 피고인들의 자백 진술 등 증거만이 대강을 이루고 있고 이런 진술을 제외하면 나머지 증거들은 단독으로나 종합적으로나 피고인들이 진범임을 증명시켜주지 못하고 있음은 기록상 명백

"무죄가 당연하지요"라며 환하게 웃는 서윤학 변호사.

하므로 原審(원심)에서 피고인들이 이 같은 진술을 하게 된 과정과 그 내용에 비추어 신빙성이 없다 하여 배척하고 무죄를 선고한 것은 採證(채증) 법칙에 잘못이 없다"고 판시했다. 이로써 1년 반 동안이나 피고인들을 生死(생사)의 갈림길에서 오락가락하게 했던 근하 군 수사와 재판은 終章(종장)을 맞았다. '정의의 승리'나 '법의 현명한 판단'으로 부르기에는 그동안의 인권 침해가 너무나 심했다.

이날 오후 2시 김기철 씨는 감방에서 교도관이 달려와 "기철아! 모두 무죄가 되었단다"는 소식을 접했다. 그는 기쁨보다는 허탈감을 느끼고 "무죄, 무죄, 당연하지"라고 중얼거렸다.

최형욱 씨도 무죄 확정 소식에 별 기쁜 줄을 모르겠더라는 것이다. 이미 예상했던 판결이었고 '이젠 더 당할래야 당할 수가 없다'는 악이 치받쳐 올라와 있어 어떤 판결도 두렵지 않았던 것이다. 기철 씨와 형욱 씨는 구속된 뒤로는 한 번도 가족과 면회가 허용되지 않았었다. 혈육과의 再會(재회)가 임박했다는 설렘을 안고 그들은 출소 채비를 하기 시작했다.

근하 사건의 스타 김금식 씨는 교도소장실에 불려나가 기자들과 회견을 가졌다. 그는 너털웃음까지 터뜨리며 勝者(승자)의 기분을 냈다.

"전과자를 무시하는 사직 당국의 각성을 촉구하기 위해 이런 일을 저질렀다"고 말한 그는 "억울한 관련자에게는 미안하나 통쾌하다"고 했다. 한편 1심에서 전원 유죄를 선고했던 박정표 판사는 "증거에 대한 법관들의 견해 차이에서 온 결과이며 법관으로서 양심에 부끄럼 없이 최선을 다했으므로 아무런 거리낌도 없다"고 했다. 서윤학 변호사는 "검찰의 수사 잘못으로 그렇게도 인권이 짓밟힌 것은 유감이며 이로써 眞犯(진범)을 잡는데도 커다란 지장이 초래됐고 자칫하면 이 사건은 영영 풀리지 않을 것이다"고 했다.

정경식 검사는 "수사 재기는 당치도 않다"면서 "할 일은 다 했다"고 말했다. 김태현 부장 검사는 이렇게 말한 것으로 전국 신문에 일제히 보도됐다.

"재판 결과야 어떻든 피고인들이 진범임에 틀림없다. 앞으로 대한민국의 全수사력을 동원한다 해도 다른 진범을 찾을 수는 없을 것이다. 피고인들의 진술이 번복되어 신빙성이 없다고 하나 그것 말고도 범행을 증명할 증거는 충분한 것이며 지금 마음 같아서는 모든 기록을 법조계에 공개하여 의견을 묻고 싶다.”

이 金 검사의 마지막 말은 누명을 벗고 사회에 나온 김기철 씨 등의 삶에 큰 영향을 끼쳤으므로 한번 따져보아야 할 문제다.

영원한 꼬리표

보통 사람들은 워낙 근하 사건이 어지럽게 엎치락뒤치락하는 바람에 갈피를 잡지 못하고 독자적인 판단을 내릴 수 없었다. 당시 일반인들의 판단 자료는 거의 신문에서 얻는 것이었다. 그런데 판단의 준거를 제공해야 할 신문기자들이 더욱 종잡을 수 없는 혼란에 빠져 있었다. 취재 능력이 없는 일반 독자들이 올바른 판단을 내린다는 것은 불가능에 가까운 일이었다.

대부분의 독자들은 ‘그들이 범인인지 아닌지 모르겠다. 다만 무죄 확정 판결을 받았으니 유죄를 입증할 만한 증거는 없었던 모양이다’ 하는 정도로 생각하고 있었을 것이다. 7월26일의 〈조선일보〉 사설은 “자백을 증거의 여왕이라고 했던 야만

적 시대를 우리는 또다시 이 나라에 부활시킬 수는 없다. 기분이나 추리로 수사를 전개할 때 이 땅에는 다시 중세기적 암흑이 엄습하게 될 것이다”고 검찰을 나무라면서도 “그들이 진범이냐, 아니냐 하는 것은 아무도 모른다. 검찰 측의 불만도 약간은 이유가 있다”고 했다. 이런 상황에서 金 검사가 “재판이야 어찌 되었든 저들은 범인임에 틀림없다”고 했으니 많은 사람들이 ‘역시 그들은 범인인데 유죄 증거가 없어 풀려난 것이구나’ 라는 의혹을 갖게 됐다고 해도 놀랄 일이 못된다.

金 검사의 소감 피력은 감옥에서 풀려난 여덟 명의 무고한 사람들(정대범 씨도 얼마 뒤 대법원에서 무죄 선고를 받았다)에게 죽을 때까지 따라다닐 ‘의혹의 꼬리표’ 를 선물한 셈이었다.

요절한 김기철 씨가 끝내 이웃 사람들로부터는 완전 결백의 公證(공증)을 받지 못하고 고독하게 죽어간 것이나 최형욱 씨가 이웃의 이상한 눈길이 싫어 출감 뒤 이사를 해버린 일들은 그들이 평생 이 의혹의 꼬리표와 싸우며 살아가야 할 것임을 생생한 증거로 보여주고 있다.

인간이 인간을 재판하는 것은 두려운 일이다. 그래서 인간은 3심제란 것을 만들어 착오에 의한 ‘사법 살인’ 같은 것을 막아보려 했다. 허점이 없는 것은 아니지만 3심제는 인간이 만든 지혜의 소산이며 그 결과에 대해서는 누구든지 일단 승복해야 할 의무를 진다.

　金 검사는 이런 법조인의 직업윤리에서 벗어나 440여 일간의 말할 수 없는 고통을 겪고 감옥을 나서는 김기철, 최형욱 씨 등에게 "저들이 진범이다"고 말했다. 어느 기자는 "김 검사도 잘못했지만 그런 말을 기사화한 기자들의 양식도 문제였다"고 지적했다. 듣고도 흘려버렸어야 했을 얘기를 필요 없이 보도했다는 뜻이다. 사회생활을 하는 인간에게 있어서 '진범일지 모른다' 는 의심은 유죄 확정보다도 더 고통스러울 수가 있다. 더구나 근하 사건의 경우, 범인이 안 잡혔기 때문에 그들은 '저것 봐라, 나는 정말 무고하지 않느냐' 고 간단명료하게 자신의 무죄를 설명할 수도 없게 됐다. '범인으로 벌할 수 없다는 증명' 은 법정의 무죄 확정으로 이루어진 셈이지만 그것이 곧 사회에서 '결백의 증명' 으로 받아들여지지는 않았다.

　이 사건을 취재한 나의 견해를 굳이 밝힌다면 근하 사건 피고인들은 의심할 바 없는 결백의 인간들이란 것이다. 검찰이 증거를 못 세워 無罪가 된 것이 아니라 그들은 처음부터 무고했던 것이다. 김태현 검사 팀도 어떤 점에선 이 사건의 피해자였다고 볼 수 있다. 그들은 이 드라마의 작가나 연출가라기보다는 배우들이었다. 이 인형극의 진정한 연출가는 김금식 씨였다. 가해자를 꼽으라면 金 씨를 가리키지 않을 수 없다.

그는 출감 뒤 〈국제신보〉 기자를 통해 구술한 수기의 끝에서 이렇게 말했다.

〈…모든 책임이 내게 있는 것은 물론이다. 수사기관이나 법을 우롱하겠다는 발상부터가 용서받지 못할 짓이었다. 마지막에 내가 생명을 빈 것은 법이었으니까. 이제 그 어둡고 긴 터널에서 만났던 잊지 못할 사람들에게 사죄를 해야 할 차례다. 나와 같이 생사의 기로를 헤맨 사람들에게는 죄스러움을 금할 길 없다. 그중에서도 기철에게는 더욱 더-. 그는 나 같은 못난 인간을 알았다는 죄 하나로 지독한 고행을 치렀다. 나는 이겼지만 진 것이기도 했다. 내가 불신했던, 그래서 우롱하려 했던 '법'은 건재하고 있었다. 나는 송구스럽게도 그 법에 의해 목숨을 건진 것이다〉

검사들은 출세가도 달려

김금식 씨는 출감 뒤 운전사가 됐다. 그러다가 몇 년 뒤에는 과속으로 택시를 몰다가 부산시 남구 수영동에서 세 사람을 들이받아 그 가운데 두 사람을 죽게 했다. 운명이란 참 기묘한 것이었다. 운명의 손은 법을 통해 金 씨의 목숨을 구해 올렸으나 그를 통해 또 두 사람의 생명을 끊었으니.

金 씨는 그 뒤에도 업무상 과실치상, 폭력 등 자질구레한 혐의로 몇 번 교도소 신세를 졌고 서윤학 변호사의 변론 도움을 받기도 했다. 김 씨에게는 미안한 표현이지만 김기철 씨의 가족들이나 친구들은 김기철 씨를 '법이 없어도 살 사람', 김금식 씨는 '법이 없었더라면 벌써 전에 맞아 죽었을 사람'이라고 부르고 있다. '법이 없어도 살 사람'은 결국 '법이 없었다면 맞아 죽었을 사람'과의 운명적인 인연에 의해 요절해버렸다.

근하 아버지 김용선 씨는 환갑을 넘긴 노인이 됐다. 중풍에 걸려 반신불수에 말을 제대로 못하는 그에게서 근하 군 사건의 지워지지 않은 그림자를 알아볼 수 있었다. 친척들은 사건의 충격으로 중풍에 걸린 것이라고 말하고 있다. 네 교도관은 무죄 확정 뒤 모두 복직, 대구교도소에 근무하다가 세 명은 퇴직, 다른 업에 종사하고 있으며 여 교도관은 어느 교도소의 과장으로 근무 중이다. 나의 전화를 받고 그는 "그 사건 생각만 하면 또 열이 난다"고 치를 떨었다.

이 사건 수사는 전경렬 씨를 병자로 만들었고 김기철 씨의 어머니를 화병으로 죽게 했으며 김기철 씨를 나이 42세에 요절케 했고 그의 아버지로 하여금 한을 품고 세상을 하직하게 했다. 근하 군 살해 사건 수사는 또 외삼촌의 인생행로를 바꾸었을 뿐 아니라 지금도 날씨만 흐리면 그 지긋지긋한 기억과 함께 어김없이 옆구리의 통증이 찾아오도록 만들었다.

김태현 검사는 그 실수 뒤에도 승진을 거듭해 1973년에 대전지검 차장, 1974년에 서울지검 차장, 1975년에 대검 검사 겸 검찰 사무부장, 1978년에 대검 공안부장, 1979년에 대검 송무부장, 1980년에 부산지검장 등 검찰 요직을 두루 거치고 퇴직, 서울에서 변호사를 개업했다. 그는 홍조근정 훈장도 받았다.

이원형 검사는 지금 신정당 국회의원 이원형 씨로 변신해 있고, 정경식 검사는 서울지검 부장검사로 활약하고 있다(注: 그 뒤 이원형씨는 12대 총선에서 낙선, 지금은 변호사로 있고, 정경식 검사는 서울지검 차장을 거쳐 법무부 고위직에서 근무 중이다). 한봉세 변호사와 김태현 판사는 그 뒤 대법관으로 임명돼 법조계의 정상에서 일하다가 물러나 변호사 일을 하고 있다. 서윤학 씨도 줄곧 부산에서 변호사로 일하고 있다.

지금까지 세 차례 〈마당〉에 실린 기사는 헛된 수사, 그것도 범인을 잡으려다가 생사람을 잡은 지나간 수사에 대한 얘기뿐이었다. 결국 수사관들이나 기자들은 이 사건의 허상을 좇다가 주저앉아버린 셈이 됐다. 범인은 저만큼 달아나 있는데 수사관들과 기자들은 그의 그림자를 향해 몽둥이질을 하다가 무고한 사람들에게만 상처를 입힌 것이었다.

이 사건의 발생지 관할 경찰서인 서부경찰서의 동대신동 담당 형사들에게도 근하 사건 수사는 벌써 전, 그러니까 김태현 검사가 "저들이 진범이다. 다시 수사할 필요도 없다"고 했을 때 끝나버렸고 지금은 고전적인 永久未濟(영구미제) 사건의 하나로 인식되고 있을 뿐이다. 우리나라의 수사는 흔히 끈기가 없다는 비난을 받고 있다. 사건 발생 뒤 한두 달 전력투구를 하여 범인을 못 잡으면 손을 떼어버리는 것이 관습처럼 돼 있다. 언론이 그 사건에 흥미를 잃고 취재를 중단하는 것과 경찰이 수사에서 사실상 손을 떼는 시기는 거의 일치한다. 그래서 "경찰은 언론을 위해 수사한다"는 말까지 듣고 있다.

상부로부터의 책임추궁이나 언론의 질타가 경찰을 몰아붙이는 動機(동기)이지 범법자를 붙잡아야겠다는 정의감이나 사명감은 부차적인 문제가 되고 있다. 이런 현상의 근본 원인을 캐보면 경찰에 대한 처우가 사명감을 살릴 수 없는 수준이라는 데 귀착된다. 형사들이 수사본부에 얽매여 한두 달 담당지역에서 떠나 있으면 副수입원을 잃게 되어 집에서 돈을 가져와 버스를 타고 다니며 수사를 하게 된다.

이런 경제적 문제가 해결된다면 한국의 형사들도 일본처럼 평생 전담 수사도 마다하지 않을 것이다. 일본의 유명한 '3억 엔 탈취사건'은 1975년에 공소시효 완성으로 수사가 끝났다. 그때까지 일본 경시청이 보여준 집념의 수사는 그 결과야 어떻든 간에 높이 평가할 만한 것이었다. 그들은 10년 동안 전담반을 해체하지 않고 그 수사만 맡겼으며 범인 체포 실패로 공소시효가 끝나자 수사 책임자가 사직하는 책임 수사의 모범을 보였었다.

근하 사건의 경우, 경찰 및 검찰이 수사의 잘못을 속죄하고 김기철 씨의 원혼을 달래며 무고한 피해자들의 한을 풀어주는 방법은 범인을 잡는 길 밖에 없었다. 결과론이긴 하지만 이런 수사를 할 바에야 처음부터 수사를 하지 말았더라면 범인은 못 잡더라도 엉뚱한 피해는 막을 수 있었을 것이라고 생각하는 사람들도 많을 것이다. 근하 군의 가족은 근하 군의 죽음에서보다도 그 수사에서 훨씬 더 큰 고통을 겪었다고 생각하지 않을까?

사람 잡은 집념

이 사건 수사의 主役(주역)은 검찰이었다. 검찰은 경찰과는 달리 범인을 못 잡았다고 책임을 추궁당하는 예가 별로 없다. 김태현 검사 팀을 드라마의 길로 내몬 것은 그런 강박관념이 아니었을 것이다. 검찰 측이 무리를 한 動機는 사건 해결을 위한 집념이었다.

문제는 이 집념이었다. 집념은 그 속성으로서 주변을 돌아보지도 않고 외가닥 길을 질주하는 심리상태로 빠질 가능성을 지닌다. 그 길이 비뚤어진 길이라는 것을 알려면 여유 있는, 종합적인, 또 巨視的(거시적)인 시각이 필요하다. 불행히도 金 검사팀은 김금식 씨를 길잡이로 하여 외골수로 달리고 말았다.

수사관들의 이런 집념에 공명심이 덧붙여지면 무고한 사람들이 명예욕의 충족을 위해 희생되는 예를 가끔 볼 수 있다. 공명심은 수사관들을 열심히 뛰게도 하지만 판단력을 흐리게 하여 과잉 수사를 벌이게도 하는 것이다. 김태현 검사를 잘 아는 당시 부사지검 출입기자 人씨는 이렇게 평했다.

"金 검사의 수사 능력은 拔群(발군)이었고 집념은 무서울 정도였다. 문제는 그 집념을 단념시킬 수 있는 결단력이었다."

수사관의 집념은 과잉 수사로 나타나 사람 잡는 집념이 될 수도 있다. 그런 집념에 제동을 걸 수 있는 것은 자신의 착오를 알아차렸을 때 궤도를 수정할 수 있는 '결단의 용기' 일 것이다. 金 검사가 이런 결단을 내릴 기회는 몇 번 있었다. 첫 번째는 김금식 씨의 불법 출소를 대구교도소 측이 부인하고 나섰을 때, 두 번째는 主犯(주범)으로 쫓던 박영태 씨가 〈국제신보〉에 나타나 "나의 진짜 이름은 박태형이며 근하 군 사건과는 관계가 없다"고 호소했을 때.

두 번 모두 金 검사는 그들의 '참말'을 거짓이라고 배척해버렸다. 이때엔 金 검사 팀이 너무 사건에 깊게 빠져버려 자신의 판단착오를 알았더라도 궤도수정을 하기엔 너무 늦었다는 주장도 있을 수 있다. 이미 '근하 군 살해범 일당 일망타진'을 발표한 뒤여서 그런 궤도 수정, 곧 불기소에 무혐의 석방은 金 검사 자신의 인사 조치를 뜻했을 것이란 풀이다.

그래서 당시의 일부 취재기자들은 검찰 측이 '이왕지사, 재판까지는 밀고 가자'고 생각했을 것이며 이런 생각은 '1심 판결에서만 유죄 선고가 나면 그 뒤에야 어찌되든 담당 검사는 감점이나 문책을 받지 않는다'는 그 때의 검사 평가 방법 때문에 더욱 굳어졌을 것이란 추리를 하기도 했다.

이 추리의 진실성은 김 검사가 대법원 확정 판결 뒤에도 '저들이 그래도 범인이다'고 말한 것으로 보아 입증하기 어려운 것이지만 하나의 참고사항은 될 수 있을 것이다. 최형욱 씨에 따르면 자신이 검찰 신문을 받을 때 담당 검사들이 "사건이 된다", "안 된다"로 서로 이견을 보이는 것을 몇 번 목격했다는 것이다. 이원형 씨도 김태현 검사가 김금식 씨를 특별 대우해가며 수사를 끌고 가는 데 대해 반대했었다고 했다. 어떤 신문기자는 "수사가 완전히 익지 않은 상태에서 너무 성급하게 범인 검거를 발표한 것이 문제였다"고 지적하기도 했다.

이 지적은 일단 검거 발표가 나간 뒤에는 검찰 측 스스로 그
것을 번복하기란 도저히 불가능하다는 뜻을 암시하고 있다. 스
스로 잘못을 고쳐 잡도록 할 수 있는 힘은 검찰 내부의 진정한
'결단의 용기'와 언론의 집요한 문제 제기뿐이었을 것이다.

言論의 직무유기

근하 사건에서 경찰, 검찰과 함께 제3의 가해자로 드러난 것
은 언론이었다. 언론의 과욕, 언론의 태만이 모두 무고한 사람
들을 두들기는 데 제 나름의 역할을 했다.

전경렬 씨를 '眞犯(진범)'으로 제조한 것은 언론의 특종 경쟁
이었다. 특종 경쟁이란 것은 언론계 바깥의 사람들에게는 도무
지 이해할 수 없는 '헛된 노력'으로 보일지 모른다. 어차피 알
려질 사실을 남보다 몇 시간 앞서 보도하는 것을 그토록 중요
하게 여기고 거기에 그토록 많은 정력을 쏟는 것은 지식과 노
력의 낭비같이 보일 수도 있다.

이런 의문에 대해 기자들은 '그렇다면 올림픽에서 십 분의
몇 초 빨리 달렸다고 해서 금메달을 주며 찬양하는 것은 무슨
의미가 있는가. 0.1초쯤 빨리 달린다고 세상이 바뀌는가?'고
반문할지 모른다. 특종이나 달리기나 그 자체엔 큰 의미가 없

을지 모른다. 더 중요한 것은 특종을 하기 위한 과정일 것이다. 특종을 하기 위해 늘 촉각을 곤두세우고 사실 뒤에 있는 진상을 파헤치는 과정에서 파묻힌 기사거리, 숨겨진 진실이 드러나고, 보통 사람들이 지나쳐버리는 이 세상의 변화를 집어내는 것, 이런 부수입이 특종 자체보다도 더 소중한 것이다.

그러나 범죄사건 취재에서는 이 특종 경쟁이 추측보도, 과장보도, 또는 人權(인권)침해를 부산물로 남기기 쉽다. 전경렬 씨를 '진범'이라 하지 않고 '용의자' 또는 '유력 용의자'로 보도했다면 그것은 정확한 기사였다. 그러나 〈국제신보〉는 다른 신문들보다도 먼저 '진범'이라고 밝혀 특종을 하고 싶었던 것이다.

기자들 사회에서 용의자와 진범은 1단 기사와 머리기사의 차이를 뜻한다. 어느 신문이 범인임이 거의 확실한 사람을 확정 판결 이전이라 하여 용의자로 보도하는 良識(양식)을 보인 반면 다른 신문은 모험을 하여 진범이라고 못 박았다면, 그래서 그 '진범'이 정말 범인으로 밝혀졌다면 한국의 언론 풍토에서는 용의자로 표기한 '양식'은 경멸되고 진범으로 때린 도박은 '훌륭한 승부'로 칭찬받을 것이다.

이런 풍토에서는 정확한 기사를 쓰기 위해 시간을 끄는 것보다는 부정확하더라도 빨리 보도하는 것이 안전하다는 요령이

생기게 된다. 그래서 좀 위험하더라도 '용의자' 보다는 성큼 앞
선 '진범' 으로 밀고 나가는 도박을 하게 된다. 전경렬 씨의 경
우는 이 도박이 실패하여 신문이 곤혹을 치른 예이지만 만약
맞아떨어졌다면 찬사를 받기에 바빴을 것이다.

기자들이 전경렬 씨를 괴롭히려는 아무런 뜻을 갖지 않았는
데도 그런 결과를 빚고 만 것은 한국 언론의 이런 구조적 문제
점에서 그 해답을 찾을 수 있을 것이다.

검찰의 '2代 진범' 수사 때에는 기자들이 사실 확인을 태만
히 하여 인권침해를 방치한 결과를 빚었다. 많은 기자들은 검
찰의 발표 '사실' 을 전달하는 데 그치고 그 '사실' 의 '진실' 여
부를 확인하는 작업을 게을리 했던 것이다. 이 경우 언론은
'사실 전달' 의 의무는 다 했지만 '진실 확인' 의 의무는 소홀히
했다는 뜻이다. 기자가 사실 전달의 기능에만 만족하게 된다면
앵무새와 별 다름이 없을 것이다. 기자는 어떤 상황에서도 경
찰이나 검찰이나 다른 어느 기관에도 자신의 판단 능력을 귀속
시켜서는 안 되며 독자적인 판단력을 늘 유지하여 진실의 왜곡
이나 조작을 검증해낼 수 있어야 할 것이다.

수많은 사람들에게 말 못할 고통과 죽음을 준 장본인—근하
군 살해범은 지금 우리 속에서 태연히 살아가고 있을지 모른
다. 그가 살아 있다면 자기를 대신하여 십자가를 졌던 전경렬,

김기철, 최형욱 씨들과 자기 대신 생사람들을 잡은 경찰, 검찰, 언론에 깊은 감사나 경멸의 웃음을 보내고 있을지 모른다. 근하 사건 수사는 그러니 14년 동안 한 치도 앞으로 나가지 못한 것이다.

'말문을 닫고 열두 해를 살다 간 김기철 씨의 가슴에는 어떤 얘기가 들어있었을까?'

'왜 김태현 검사는 〈그래도 저들은 범인이다〉고 말해야만 했던가?'

'검사들은 왜 그런 사람들을 범인으로 몰려고 했던가?'

'왜 1심 재판부는 그런 상황에서 세 사람의 죽음을 요구했을까?'

'왜 육군 고등군법회의는 이미 무죄 선고가 난 사건의 피고에게 또 사형을 선고했던가?'

'정말 범인은 어디에 있는가?'

200자 원고지 450장 분량의 이 긴 기사는 이런 의문을 남긴 채 끝나야 할 것 같다. 톨스토이의 글을 이들 의문에 대한 해답으로 남겨놓으며 –.

"하느님은 아신다, 그러나 기다리신다."

괴로운 기억들을 되살려야 했던 뜻

'김기철 씨는 정말 억울한 옥살이 때문에 요절했나?'

'어째서 희대의 민완 검사는 중학교도 안 다닌 한 전과자의 각본에 얹히고 말았나?'

'왜 언론은 그토록 갈팡질팡했나?'

'그들은 정말 무고한 사람들인가?'

이런 의문을 품고서 내가 한국의 이 대표적 미해결 살인 사건을 재구성하기 위해 취재에 손댄 것은 1981년 6월이었다. 앞으로 1년이면 공소시효가 끝난다는 타이밍을 의식한 기획이기도 했다. 내가 만난 이 사건의 관계자들은 대부분 그 쓰라린 기억을 되살리는 것을 괴로워했다. 이 사건의 수사·재판·취재엔 勝者(승자)는 없고 상처받은 사람들만 있는 것 같았다. 중풍으로 말과 몸놀림이 편치 못한 근하 군의 아버지를 만나 그의 초췌해진 모습과 정중한 대화 거절에서 이 사건의 지울 수 없는 그림자를 확인한 것은 차라리 이쪽의 고통이었다.

기철 씨의 형수는 "다 지나간 일인데…" 하면서 면담을 꺼렸다. 나는 기철 씨의 큰형 이만 씨를 설득했다. 그는 "동생들과 의논해본 뒤라야…"면서 주저주저하다가 소주를 몇 잔 들이키더니 이야기를 쏟아놓았다. 원통함에 북받친 듯 눈물을 글썽이며 돌덩이 같은 주먹으로 이마를 쾅쾅 치면서 그는 '병신된 동생'의 哀史(애사)를 털어놓았다.

나는 기철 씨의 自筆(자필) 手記(수기)와 재판 기록을 이만 씨가 불태워 없애버렸음을 알고는 아까움과 안타까움에 가슴을 쳤다. 재가 돼버린 그의 '목소리'를 복원시키려고 나는 기철 씨의 친구, 친척, 변호사, 기자, 감방 동료들을 전국으로 찾아나서야 했다. 그들의 증언을 종합하여 나는 '김기철 씨는 왜 요절했나?'에 대한 답을 써보았다.

기철 씨가 최후를 마친 범천2동 안창 마을에서 나는 일부 사람들이 아직도 기철 씨를 前科者(전과자)로 알고 있는 것을 보고는 언론 재판에서 흉악범으로 일단 묘사된 사람은 법정의 무죄 판결에도 불구하고 이 사회에서 영원한 前科者로 살아가야 한다는 무서운 사례를 확인할 수 있었다.

근하 삼촌 최형욱 씨를 서울 오류동에서 찾아낸 것은 다행이었다. 그는 출감 뒤 부산을 떴고 12년 동안 여러 군데로 옮겨다녔기에 주민등록지 변경사항 조사로는 좀처럼 사는 곳을 알아낼 수 없었다. 우연히 그가 오류동에 산다는 얘기를 전해 들기는 했지만 주소는커녕 사는 통도 알 수 없었다. 형욱 씨가 늙은 아버지를 모시고 있고 어쩌면 그 아버지가 오류동 경로당에 자주 나올지 모른다는 추리가 맞아떨어질 줄이야.

나를 만난 형욱 씨의 부인은 헤어질 때 “선생님은 김금식 씨와 닮았네요. 처음에는 김 씨인 줄 알고 소름이 끼칩디다”고 말했다. 최 씨의 부탁은 “제발 기사를 쓰더라도 딸아이가 모르도록 해달라”는 것이었다. 그래서 가명을 쓰고 사진에서 그의 얼굴을 가리긴 했지만 그의 딸이 아버지임을 알아보았다 해도 ‘최형욱 씨는 법의 폭력 앞에서 결코 꺾이지 않았던 사람’ 임을 믿어주었으면 한다(변호사의 견해도 손해배상 청구를 할 수 있는 사람은 시종일관 범행을 부인했던 기철 씨와 형욱 씨뿐이란 것이었다).

‘초대 진범’ 전경렬 씨는 나의 친구 밑에서 회사원으로 일하고 있었다. 그 친구는 나의 설명을 듣고서야 전 씨의 지나간 고통과 현재의 정상이 아닌 상태를 이해했다. 전 씨를 만난 나는 아직도 그를 의심하고 있는 형사들과 고참 사건기자들의 어리석음을 확인할 수 있었다.

근하 사건에서 오직 한 사람 웃을 수 있는 이가 있었다면 그는 서윤학 변호사일 것이다. 환갑을 넘긴 그는 아직도 부산지검 앞에서 변호사 사무실을 지키고 있지만 사건을 끌어들이는 데는 큰 관심이 없고 남은 생애를 즐겁게 보내는 데 더 신경을 쓰고 있는 듯했다. 그는 "그 사건 변호가 법조생활 중 가장 보람 있었다"고 유쾌하게 회고했다.

내가 가장 곤혹스럽게 느낀 것은 당시 취재기자들에 대한 취재였다. 주로 誤報(오보)와 과장 보도의 배경 설명을 들어야 하는데 그들은 선배 기자들이기도 했다. 전경렬 씨 관계 誤報로 학생들의 항의 데모를 당하고 피신까지 해야 했던 어느 선배 기자는 "지금도 그 생각만 하면 진땀이 난다"면서도 기자답게 객관적인 상황 설명을 자세히 해주었다. '김기철 씨는 왜 요절했나?'를 읽고 "자신의 실수를 찬찬히 되돌아보게 해주어서 고맙다"는 격려 전화를 걸어준 전직 기자도 있었다.

세 번에 걸쳐 실린 이 기사보다 훨씬 상세한 근하 사건 기록은 지금 부산지검 문서보관 창고에서 잠자고 있다. 나는 그 기록을 열람하지는 못했다. 완결된 재판기록은 원칙적으로 일반인에게는 공개하지 못하게 돼 있다. 한국 재판사상 가장 방대하다는 2만 쪽 분량의 수사 및 재판 기록.

언젠가는 그 기록도 보존 시효 만료로 재로 변해버릴 것이다. 근하 사건을 둘러싼 두 핵심 인물—김금식 씨와 김태현 전 검사는 만나지 못했다. 김금식 씨의 말은 그의 手記를 대신 신문에 써준 기자에게 정확성을 확인한 다음 手記에서 인용했다. 김태현 씨는 나와의 긴 통화를 거절했다.

4장
공소시효 끝나다

〈지은이 注〉 내가 1981년 10~12월호 〈마당〉에 세 차례 연재했던 '근하 군 살해 사건의 입체 연구'는 이 사건을 化石(화석)이 아닌 神話(신화)로 만드는 데 약간의 도움을 주었다. 그 기사는 일부 검사들 사이에서 '필독서'로 읽혔다. 기자 재교육장에선 교재로 사용되었다. '神話(신화) 1900'이란 연극(각본 윤대성, 실험 극장, 1982년 대한민국 연극제 공연)으로 탈바꿈하여 무대에 오르기도 했다.

그러나 나는 늘 미흡한 느낌을 갖고 있었다. 이 드라마의 주연배우 두 명을 끝내 만나지 못하고 그 기사를 썼다는 자책감 같은 것이 가슴 속에 남아 있었다. 두 주인공을 찾기 위해 광고도 세 차례 내었으나 소득이 없었다. 재판기록에 나타난 생년월일이 주민등록상의 그것과 달라 현주거지 확인도 잘 되지 않았다.

김근하 군 살해범에 대한 공소시효가 끝나, '내가 범인이다'
고 나서도 처벌을 할 수 없는 1982년 10월17일을 석 달쯤 앞둔
어느 날, 인천에서 황덕수라는 분이 나를 찾아왔다. 원고 한 뭉
치를 들고서.

"선생님은 그들이 무고하다고 썼지만 나는 그들이 범인이라
고 아직 믿고 있습니다. 내가 쓴 글을 한번 읽어보십시오."

그는 근하 사건 수사를 지휘했던 김태현 검사가 데리고 다녔
던 민간인 수사원 구영근 씨의 밑에서 수사를 거들었던 사람이
었다. 그때 열아홉 살이었던 황 씨는 사법경찰관이 해야 할 성
질의 수사까지도 했다는 것이었다. 따라서 이 사건을 보는 황
씨의 눈은 검찰 측의 그것과 같았고 그래서 나의 직업적 흥미
를 돋우기에 이르렀다.

'그들이 범인이다' 는 생각을 15년 동안 간직해왔다는 점에서
황 씨의 견해는, 검찰뿐 아니라 무죄 확정판결을 받고 풀려난
김기철 씨 등을 그 뒤로도 의혹의 눈초리로 지켜보았던 일부
이웃들의 의식도 얼마만큼은 대표하고 있는 것 같았다. 더구나
황 씨는 내가 쓴 원고지 400장분의 기사를 읽고도 자신의 생각
을 고치기는커녕 오히려 나를 설득하려 들었다.

"조 선생님, 너무 그렇게 검사들만 나쁘게 보지 마십시오. 선
생님은 검사가 전과자의 각본에 말렸다고 썼지만 김 검사가 그

럴 분이 아니에요. 한 달 동안 그들과 같이 지내고 친해지기까지 했던 나는 그들이 범인임을 추호도 의심하지 않았어요. 더구나 조 선생님은 금식이와 대범이를 만나지 않고 이 기사를 썼지 않습니까? 지금 만나보면 다른 얘기가 나올지 모릅니다.”

그는 나의 아픈 데를 건드렸다. 아니, 약점을 찌른 것이었다. 근하 사건의 수사와 재판에서 김금식 씨와 정대범 씨는 검사들이 타고 있는 마차를 끈 두 필의 말이었다. 이 두 말은 가는 방향까지도 마음대로 잡아나갔다. 두 말은 비탈길을 오르다가 스스로 줄을 끊어버렸다.

마차는 검사들을 태운 채 비탈 저 아래로 굴러 떨어졌다. 결정적 시기에 가서 이런 반역을 한 두 사람과 만나지도 않고 그들의 심리 상태를 이미 발표된 기사나 판결문으로만 추리한 것은 또 다른 誤報(오보)가 아닌가 하고 황 씨는 나를 추궁했던 것이다.

나는 취재의 미흡함을 보충하고 나의 믿음(그것은 또한 법원의 확신이기도 하다)을 재확인하기 위해, 그리고 황덕수 씨와 같은 사람들의 의구심을 깨끗이 씻어주기 위해 두 주인공을 찾아 나서기로 했다. 먼저 황 씨가 가진 의심의 구조와 그가 이 사건에서 맡았던 역할을 알기 위해서 황 씨가 써온 手記(수기)를 한번 읽어보자.

내가 범인으로 믿었던 두 사람

"너 심부름 좀 할래?"

1968년 5월2일, 해가 지고 어둠이 밀려들자 부산의 번화가 남포동 거리에는 네온사인이 휘황찬란한 빛을 발하기 시작했다. 나(황덕수)는 남포동2가에 있는 '팔광류' 라고 하는 무술도장에서 관원들의 운동하는 모습을 구경하고 있었다. 이때 고모부의 친구로, 경찰 유도사범을 한다던 구영근 씨(신분은 민간인)가 나를 찾아왔다.

"덕수야! 너 심부름 좀 할래?"

"무슨 일인데요?"

"응, 누굴 미행하는 일이다."

"예, 하지요. 미행하는 게 여자라면 더 재미있겠는데…."

나는 지레짐작으로 바람난 어느 여자를 그 남편의 부탁으로 미행하는 줄 여기고 신바람이 나서 具 사범의 뒤를 따라 나섰다.

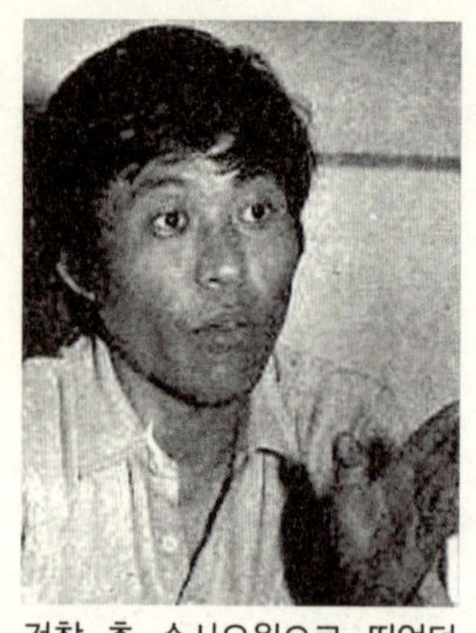

검찰 측 수사요원으로 뛰었던 황덕수 씨.

남포동 차도에는 검정색 지프 한 대가 대기해 있었다. 차번호는 22호가 아니면 55호였던 걸로 기억된다. 구 씨를 따라 그 차를 타고 달려간 곳은 부산지방검찰청 앞이었다. 그는 지검 앞 '천수다방' 이란 곳으로 나를 데려가더니 커피 한 잔을 시켜주고는 나가버렸다. 커피를 마시며 얼마 동안 앉아 있자니 한 중년신사가 다방 입구에 나타나 손가락을 까닥거리며 나를 불렀다. 다방에 앉아 있던 손님들이 그를 보자 "영감님, 어쩐 일이십니까?"며 모두들 인사를 했다. '영감' 이라고 불린 그 사람은 안경 너머로 날카로운 눈빛을 번뜩이며 나에게 신문하듯 몇 가지를 물었다.

"너 18살이지?"

"네."

"너 이름이 덕수지?"

"네."

"내가 시키는 일을 할 수 있겠어?"

"네."

나는 얼떨결에 최면에 걸린 사람처럼 그의 물음에 대답을 하고는 그를 따라 다방의 2층 계단을 내려갔다. 다시 내가 타고 왔던 그 지프에 올라탔다. ㄷ자형으로 생긴 뒷자리엔 구 씨와 함께 낯선 세 사람의 얼굴이 어둠 속에 말없이 앉아 있었다. 그 중년신사가 앞자리에 선임 탑승을 했고, 앉을 자리가 없어 나는 운전사와 중년신사 사이의 뒤쪽 바닥에 주저앉았다. 중년신사의 지시로 차는 움직이기 시작했고 차안에는 여전히 침묵이 흐르고 있었다.

"구 사범님, 뭐하러 가는 거요?"

나의 목소리가 차안의 정적을 깨뜨렸다.

"도둑놈 잡으러 간다."

"이 밤중에요? 굉장한 놈인 모양이네요. 도둑놈 같으면 경찰들이 할 일이지 나 같은 사람도 필요합니까?"

"그래! 필요해."

나는 잠시 후면 전개될 상황을 제멋대로 그려보면서 호기심과 흥분으로 가슴이 울렁거림을 느꼈다. 차는 서면 로터리를 지나 가야동 쪽을 향했다. 지프는 가야동의 어느 으슥한 골목길에서 멈췄다.

"덕수야, 저 자가 이상한 행동을 한다든지 도망치려고 하면 반죽음을 시켜도 괜찮으니 절대 놓쳐서는 안 된다."

구 씨가 내 곁으로 다가와 뒷좌석에 타고 있던 한 사나이를
가리키며 속삭였다. '도리우치'라 불리던 빵모자를 푹 눌러쓰
고 뒷자리의 중간에 앉아있던 덩치가 큰 사나이였다. 자세히
보니 양손을 앞으로 모은 채 수갑을 차고 있었다.

"구 사범님, 뭐하는 자입니까?"

나는 호기심을 이기지 못하고 슬며시 물어보았다. 그러나 구
씨는 "나중에 알게 돼"라는 말밖에 더는 일러주지 않았다. 빵
모자의 사나이는 손짓으로 어느 지점을 가리키며 무어라고 지
껄였고, 고개를 끄덕이며 듣고 있던 중년신사가 뒤를 돌아보며
구 씨를 불렀다. 중년신사로부터 무슨 지시를 받고 내 곁으로
되돌아온 구 씨는 혼잣소리로 "납치를 하라니 그걸 어떻게 해"
라며 투덜거리더니 나에게 이렇게 지시를 했다.

"너 저 앞 합승회사로 가서 취직을 하러 온 척하면서 김이수
(김이수는 김기철의 별명. 뒤에 김기철 씨는 살인혐의는 물론 절도 혐의도
벗었다)라는 자가 아직도 배차 업무를 보고 있는지 한번 알아
봐."

김기철과의 인연

구 씨는 중년신사가 내린 지시를 다시 나에게 시키는 듯했

다. 나는 내 나름대로 어떤 식으로 해야 할까 머리를 굴리며 버스회사로 다가갔다. 이미 밤 11시가 넘은 시각이었다. 종점에 정차 중인 여러 대의 합승버스 중에 조수 차림의 젊은이들이 모여앉아 있는 차가 눈에 띄었다. 나는 그 젊은이들한테 접근, 김이수의 동생뻘 되는 사람이라고 둘러댄 뒤 이것저것 캐물어 보았다. 김이수는 이미 그 회사를 그만둔 뒤였고 범천동 돌산 부근에 살고 있다고 했다. 나는 이런 사실을 구 씨에게 보고했고, 구씨는 다시 중년신사에게 마치 자기가 확인한 것처럼 보고를 했다.

우리 일행은 다시 차를 돌려 범내골 로터리 쪽으로 향했다. 밤 12시가 넘은 모양이었다. 로터리 입구에 바리케이드를 치고 있던 입초 순경이 손전등으로 차안을 비추어보며 물었다.

"어디로 가십니까?"

"차 넘버 보면 몰라!?"

중년신사가 무뚝뚝하게 내뱉었다.

"모르겠습니다. 신분을 밝혀주십시오."

"야! 바빠. 빨리 바리케이드 치워!"

"그래도 신분을 밝혀주셔야지요."

입초 순경은 쉬 물러서지 않았다.

"나 부산지검 검사야!"

  그제서야 순경은 차 번호판을 확인한 뒤 바리케이드를 치워주었다. 차가 다시 움직이기 시작하자 중년신사는 혼잣말처럼 중얼거렸다.

  "입초 순경이 저 정도는 되어야지! 어떤 녀석은 '차 번호 봐!' 하면 얼른 경례를 붙이고 통과시키고 말거든."

  나는 비로소 이 중년신사가 검사임을 알 수 있었고, 그에 따라 나의 호기심도 더 커졌다. 범내골 변전소 앞에 차를 세워두고 돌산으로 향했다. 돌산에는 판잣집들이 다닥다닥 붙어 있기 때문에 차가 올라갈 길이 없었다. 빵모자 사나이의 확인으로 김이수의 집을 알아낸 우리는 다시 큰길 쪽으로 내려왔다. 차를 세워둔 곳이 가까워지자 金 검사는 나에게 따로 지시를 내렸다.

  "덕수! 사람은 신의를 지켜야 한다. 그리고 무엇이든 맡은 바 책임은 끝까지 완수해야 하는 것이다. 내일 아침 일찍 이곳으로 다시 와 김이수의 행방을 알아주기 바란다."

  그러고는 운전기사에게 나를 집에까지 태워다 주라고 말했다. 나는 마치 검사의 수사지휘를 직접 받는 수사관이 된 기분이었다.

  이튿날(5월3일) 새벽녘이 되자 나는 범천동 돌산을 향했다. 마침 김이수의 집과 앞뒷집으로 이웃하고 있는 곳에 나의 5촌 아저씨의 집이 있었다. 나이는 나와 별로 차이가 없었지만 촌수로 따져 5촌 아저씨 뻘이 되었다. 나는 그에게 김이수를 아느냐고 물어보았다. 그는 방 뒤 벽쪽에 붙은 조그만 봉창문을 열어젖히면서 말했다.

"니가 그 사람을 어찌 아노? 바로 저 집 아이가! 저어기 세수하고 있는 사람이 이수다."

5촌 아저씨가 가리키는 곳을 바라보니 흰 셔츠를 입은, 신체가 건장한 30대의 사나이가 세수를 하고 있었다. 나는 바로 돌산을 뛰어내려와 공중전화통을 붙들었다. 검찰청으로 다이얼을 돌렸지만 너무 이른 탓인지 아무도 전화를 받지 않았다. 검찰청 전화번호 밑에 '김태현 검사 자택'이라고 쓰인 번호를 돌려보았다.

"여보세요."

중년신사, 아니 김 검사의 날카로운 목소리가 반갑게 들려왔다.

"여보세요, 저 덕숩니다. 김이수가 지금 집에서 세수하고 있는 걸 보고 전화를 겁니다."

"알았어! 저녁때까지 잘 미행하다가 검찰청으로 전화해!"

나는 어리둥절해졌다. 지난밤에 통금이 지나도록 쫓아다녔는데 막상 찾고 나니 저녁때까지 미행만 하라니! 도무지 이해가 되질 않았지만 할 수 없이 종일 김이수의 꽁무니를 쫓아다니느라 진땀을 흘렸다.

그러나 오후 6시경 지금의 위치를 알려주려고 검찰청에 전화를 거는 사이에 그를 놓쳐버렸다. 사방을 두리번거리며 찾다가 끝내 못 찾고 김이수의 집으로 올라가보기로 했다. 터벅터벅 산길을 오르다보니 사람들이 빙 둘러선 가운데에서 두 남녀가 언성을 높이며 싸우는 소리가 들렸다.

말다툼을 하고 있는 남자는 바로 내가 조금 전에 놓쳐버린 김이수가 아닌가. 아이들 싸움이 어른 싸움으로 번진 듯했다. 그들이 싸우고 있는 동안 나는 재빨리 검찰청으로 전화를 했다. 싸움이 주위의 만류로 시들해갈 무렵 김 검사 일행이 들이닥쳤다. 具 씨가 김이수를 불러 세웠다.

"여보! 잠깐 좀 봅시다."

"아무것도 아닌 일에 왜 이러시오. 이웃끼리 약간 다툰 걸 가지고 누가 신고라도 했소?"

김이수는 파출소에서 나온 사람으로 착각을 한 모양이었다.

"아니, 잠깐 알아볼 일이 있으니 좀 갑시다."

"그래 갑시다. 가자면 못갈 것도 없죠."

그의 양쪽 팔을 구 씨와 또 한 사람이 꽉 끼었다. 순간 김이수는 뿌리치고 도망갈 자세를 취했다.

"무슨 큰 죄를 지었다고 이러십니까?"

옆에서 구경하는 척하고 있던 나도 합세를 했다. 합기도 도장에서 배운 연행술을 써먹었다. 이렇게 해서 몸부림치는 그를 변전소 앞에 세워둔 지프까지 끌고 내려와 검찰청으로 연행했다. 지프 속에서 검사는 말했다.

"나는 모 경찰서 수사과장이다. 너 범일동 기원에서 김금식이와 함께 라디오를 훔친 일이 있지?"

그것은 근하 사건 수사였다

나는 어이가 없어 웃음이 나오려고 했다. 굉장한 사건으로 여겼던 것이 고작 몇 년 전에 발생한 절도사건이라니. 그럭저럭 밤 12시경이 되었다. 우리는 부산지방 검찰청 2층에 있는 4호 부장검사실로 들어섰다.

"구 사범님, 이 따위 시시한 사건을 가지고 하루 종일 미행을 하게 만들다니, 담빡 잡아들이면 될 일을 갖고…."

나는 투덜거리며 그의 뒤를 따랐다.

"영장이 없어 그런 것이야. 그리고 도둑은 아니니까 조금 있어봐!"

꼭 스무 고개를 풀어나가는 듯한 알쏭달쏭한 느낌이 들었다. 우리가 검사실에 들어서니 똥 냄새가 확 풍겼다.

"누가 똥 쌌나?"

“내가 쌌소.”

대답한 것은 김이수였다. 구 씨가 닦으라고 신문지를 주었다. 해병대의 카키색 팬티를 벗어 김이수는 슥슥 문지른다. 구 씨가 “야, 그 팬티 버려. 새것 사줄게”라고 하자 이수는 “사긴 누가 사주어요” 하면서 다시 팬티를 입었다. 무뚝뚝하지만 듬직하고 저력이 있는 행동이었다. 부장검사실에서는 다시 김이수에 대한 신문이 시작되었다. 곁에서 커피를 마시며 건성으로 신문 내용을 듣고 있던 나는 ‘근하’라는 말에 정신이 번쩍 들었다. 매일같이 신문, 방송에 떠들썩하게 보도되었던 사건인지라 ‘근하’라는 이름은 누구나 익히 알고 있던 참이었다.

‘이 者가 근하 군 유괴 사건의 범인이란 말인가?’

나는 신경이 곤두섰다. 불과 몇 시간 전에 동네 아주머니와 “너 새끼만 귀한 줄 알고 남의 자식 귀한 줄은 모르느냐”고 싸움질을 하던 이 사내가 남의 자식을 죽여 바다 속에 던져 넣으려 했던 사람이라니!

그날 밤 김이수는 몇 년 전의 절도사건으로 긴급 구속영장을 발부받아 부산교도소에 수감되었다. 그 며칠 뒤 具 씨가 또 나를 찾아왔다.

“덕수야! 너 대신동에서 노는 대범이라는 친구 모르냐? 네 또래인데 유도, 합기도 3단에 왼손잡이라던데….”

나는 잘 모르는 사람이었지만 그날부터 또 예의 그 빵모자 사나이의 안내에 따라 완월동, 300번지 등 부산의 사창가를 헤매고 다녔다. 빵모자가 "정대범이는 완월동 X호에 잘 가는데…"라고 하면 그의 말에 따라 며칠을 두고 그곳을 헤매는 식이었다. 이때부터 나의 한쪽 손에도 수갑이 채워졌다. 그 사나이의 한쪽 팔과 내 팔이 수갑으로 연결되었고 그 위에 바바리코트가 걸쳐졌다. 빵모자 사나이의 도망을 방지하고, 지나다니는 행인의 눈길을 피하기 위한 목적인 듯했다.

구 씨의 이야기에 의하면 이 빵모자를 눌러쓴 사나이는 현재 폭행죄로 징역 8월을 선고받고 복역 중인 김금식이란 자로서, 그가 근하 군 유괴 사건의 共犯(공범)이며 그의 자백에 따라 수사가 진행되고 있지만 보도진의 눈을 피하기 위해 극비 수사를 펴고 있다고 했다.

아울러 具 씨는 "우리 영감님은 유괴 사건 수사의 베테랑인 4호 김태현 부장검사인데, 너는 金 검사의 자연석을 수집하는 심부름꾼(김 검사는 자연석 수집 취미를 갖고 있다고 했다)으로 행동하라"고 일러주었다. 그리고 이 사건은 경찰에도 지시하지 않고 金 검사가 직접 수사를 하는 만큼 절대 비밀을 지키라고 다짐을 했다.

한증탕 속의 복역수

　5월14일경. 그날은 근하 군의 외삼촌인 최형욱을 연행하러
갔다. 초량동 그의 집 앞 골목에서 대기하다가 崔의 도주로를
차단하는 게 나의 임무였다. 그러나 별 탈 없이 근하 외삼촌을
임의동행의 형식으로 검찰청 4호 부장실로 데려올 수 있었다.
김태현 검사는 그에게 그동안의 안부를 묻는 등 평범한 이야기
로 말머리를 이어갔다. 그러다가 김 검사는 갑자기 차분히 가
라앉은 목소리로 "이 세상에 자기 조카를 죽이는 사람도 있는
가"며 타이르듯 말했다. 崔 씨가 당황한 듯 머뭇거리며 무엇이
라고 말을 꺼내려고 하자 金 검사는 찢어지는 듯한 날카로운
금속성 목소리로 고함을 꽥 질렀다.
　"이 세상에, 이 세상에 새 발의 피 같은 어린 조카의 가슴에
칼을 꽂는 그런 놈이!"
　최형욱은 얼굴빛이 노랗게 변한 채 "아닙니다"를 연발했다.
　"수갑 채워!"
　金 검사의 불호령이 떨어졌다. 그는 얼마 전 동네 주민과 싸
웠던 사실이 있어 우선 그 건으로 구속을 시켰다.
　한편 정대범은 군 복무 중에 체포되었기 때문에 부산에 있는
모 헌병대에 수감되었다. 나는 이따금 헌병대로 그를 데리러

가기도 했고, 그의 애인이 면회를 오면 입회를 하기도 했다. 정대범은 면회 온 애인에게 오히려 의기양양하게 이런 말을 하기도 했다.

"야! 걱정마라. 내가 조그만 애 하나 죽인 덕분에 간첩들을 일망타진하게 되었는 기라. 결과적으로 나는 국가를 위해 좋은 일을 한 사람이고, 여자 간첩 두목을 잡게 되면 상금도 타게 된다 말이다."

정대범의 주장에 따르면 그가 김이수(김기철)와 함께 300번지 사창가에 갔더니 북에서 내려온 여자 간첩이 책상에 칼을 꽂으면서 100만원을 줄 테니 일을 도와달라고 했다고 한다. 뒤에 김금식은, 그 여간첩은 단순한 창녀에 불과하며 단지 자기가 정대범을 이 사건에 끌어들이기 위해 돈을 주고 그런 연극을 꾸몄다고 나에게 말하여 갈피를 잡을 수 없게 했다.

한쪽 팔에 수갑을 나누어 차고 다니다 보니 어느덧 나는 빵모자 사나이 김금식과 매우 친숙한 사이가 되어버렸다. 완전삭발된 죄수 머리를 감추기 위해 쓴 빵모자, 죄수복 대신 걸친 기성복, 당당한 체구, 그리고 정답게 손을 잡고 걷는 다정한 형제같이 위장한 만큼 친밀도도 빨랐다.

"형! 도망가고 싶지 않아? 형이 도망치면 내 팔은 어떻게 되지?"

"짜식아! 도망가려면 못갈 줄 알아? 걱정하지 마."

이렇게 스스럼없이 농을 나눌 수 있는 사이가 되었다.

어느 날은 근하 군 유괴 사건이 북괴의 지령에 의한 것이라는 김금식의 귀띔에 따라 간첩선이 접근할 것이라는 광안리 해수욕장 일대를 사전답사한 뒤 우리 일행은 해운대 극동호텔 한증탕에 들어간 적도 있었다. 實刑(실형)을 선고받고 복역 중인 죄수가 일류 호텔 한증탕에서 시간을 보내고 있다니! 그에게 슬며시 한 번 물어보았다.

"금식이형! 지금 징역을 사는 거요, 기분을 내는 거요?"

"야 임마! 누가 듣는다. 내가 슬슬 불어야지 이런 식으로 그럭저럭 징역을 때울 게 아니냐."

아무튼 그의 정보에 의해 5월27일 밤엔 對간첩작전이 펼쳐졌다. 수영비행장에는 각종 기관의 차량 수십 대가 몰려들었고, 요소요소에 병력이 배치되어 간첩의 출현을 기다렸지만 또 허탕이었다. 이 對간첩작전에서 나는 김태현 검사로부터 또 하나의 색다른 임무를 부여받기도 했다.

"덕수야! 너는 만약 총알이 나에게로 날아오면 몸으로라도 그것을 막아야 한다."

경호원이라기보다는 총알받이의 역할까지 주어진 셈이었다. 작전이 실패로 돌아간 다음날 나는 다시 한 미치광이 노인의 정신 감정을 재주껏 해내야 했다. 아마 작전 실패의 원인이 고정간첩에 의한 사건 정보탐지 때문이었고, 그 당시 XX해안이 내려다보이는 언덕에 움막을 짓고 '天王寺(천왕사)'란 간판을 달아놓고 좀 정신 나간 짓을 하던 노인이 있었는데 그가 고정간첩의 용의선상에 올랐기 때문인 것 같았다.

함정 수사의 미끼 역할

한편 이 무렵 박영태란 의문의 사나이가 근하 사건의 주범으로 지목 되고 있었다. 김금식에 의하면 그는 이북을 몇 차례나 왕복한 사실도 있으며 권총까지 소지하고 북괴의 지령에 따라 움직이고 있다고 했다. 김금식의 진술에 따라 우리는 대구로 향했다. 밤 12시가 넘어 대구역에 도착하니 연락을 받은 대구 검찰청 수사관들이 지원차 나와 있었다. 그들과 합세한 우리 일행은 김금식의 안내를 받으며 대구시 비산동의 주택가에 들어섰다. 朴이 살고 있는 집의 구조가 김금식에 의해 그려졌다. 朴이 눈치를 채고 달아나지 못하도록 내가 살짝 담을 넘어 들어가 대문을 열고 일행을 불러들이기로 했다. 그러나 고요히 잠든 이 동네 사람들에게 도둑 소동을 일으키며 한바탕 소란을 피웠을 뿐 결과는 마찬가지였다. 朴은 이미 다른 곳으로 이사를 간 뒤였다.

우리의 일행—金 검사, 具 씨, 김금식과 그의 호송 책임을 맡은 교도관 두 명, 그리고 나는 대구 역전 근방의 여관에서 하룻밤을 보냈다. 김금식과 나와 具 씨 세 명이 한방을 썼는데 具 씨는 이내 곯아떨어지고 말았다. 그러자 김금식은 담배 종이를 수갑의 톱니에 물리고 두어 번 만지작거리더니 이내 수갑을 풀어버렸다. 나는 그가 절대로 도망가지 않을 것을 믿고 있었기 때문에 우리는 모처럼 서로를 연결한 수갑을 풀고 단잠에 빠져들었다.

다음날 우리는 김금식 일당이 범행을 모의했다는 대구시 서구 달성동 부엉이집과 알리바이를 조작하기 위해 갔다는 자갈마당 앞 사창가, 노동회관 등을 돌며 예비 현장검증을 한 뒤 여관으로 돌아왔다.

우리의 행동이 수상했던지 여관 주인이 112에 신고, 완전 무장을 한 경찰이 출동하여 여관을 포위하는 촌극도 벌어졌다.

이날의 예비 검증에서는 근하의 외삼촌이 김이수의 알리바이를 만들어주기 위해 대구로 올라왔던 사실이 밝혀졌다. 그는 매일 밤 뭇 사내들을 상대하는 창녀들이 사람의 얼굴을 정확히 기억하지 못하는 점을 이용하기 위해 사창가인 자갈마당을 찾아가 하룻밤을 지내면서 "나는 부산에 사는 김이수다"는 말을 되풀이해 '김이수'란 이름만을 기억시켜주려고 했다는 것이다. 수사가 마무리 단계에 들어선 듯한 어느 날, 김 검사는 보따리 하나를 나에게 건네주며 새로운 지시를 내렸다.

"덕수, 너 이 사람(부산시경의 형사)과 함께 대구로 가서 박영태의 거주지를 알아내도록 해라. 그리고 네가 그 집을 다녀왔다는 증거를 남겨둘 필요가 있으니까 그 집 아이들과 얼굴을 익혀두도록 하고, 이 보따리는 朴의 처에게 팔든지 맡겨두든지 해라."

보따리 속에는 김금식의 변장에 사용했던 옷가지와 라디오 1대가 들어있었다. 동행한 ㄱ형사가 朴의 딸이 다니는 국민학교를 알아내었기 때문에 학적부를 뒤져 대구 대봉동에 있는 朴의 집을 쉽게 찾아낼 수 있었다. 朴의 집은 소방도로에 인접한 조그만 구멍가게였다. ㄱ형사와 나는 일단 가까운 여관에 여장을 푼 다음, 밤이 되기를 기다렸다가 나 혼자 朴의 집으로 향했다. 손님도 없이 어두컴컴한 가게 문을 밀치고 들어서며 나는 큰소리로 주인을 찾았다. 잠시 후 朴의 처로 보이는 여인이 촛불을 켜 들고 나오며 나를 의심스러운 눈초리로 쳐다보았다.

"아줌마, 내 모르겠는교? 나요 나."

나는 아는 체하며 열려진 방 문턱에 걸터앉았다.

"누군교? 나는 모르겠는데…."

“아이고 아줌마도! 비산동 살 때 아저씨 밑에 있던 학규를 모르겠는교?”

나는 시침을 뚝 떼고 얼렁뚱당 둘러쳤다. 집안에 다른 사람은 없는 듯했다.

“닷새 전에 출감했는데 갈 곳도 없고 해서 아저씨한테 인사나 하려고 찾아왔는데… 아저씨 어디 갔는교?”

“그 사람이야 항상 밖으로 나돌아다니니 집에 붙어 있을 날이 있어야제.”

朴의 처는 마지못해 대답은 하면서도 미심쩍은 눈초리로 나를 뜯어보았다. “오늘은 너무 늦었으니 내일 다시 찾아오겠다”는 말만 남기고 일단 여관으로 돌아왔다. 내 자신이 생각을 해도 나의 연극이 그럴싸했다는 느낌이 들어 휘파람이 절로 나왔다. 이튿날 오전 11시경 다시 朴의 집을 찾아갔다. 중학생 정도의 남자 아이와 국민학생인 듯한 계집아이 둘이서 집을 보고 있었고 朴의 처는 보이지 않았다.

“엄마 어디 갔노?”

애들을 살살 구슬리며 물어보았더니 비산동에 있는 이모 집엘 갔다고 했다. 혹시 그곳에 朴이 숨어 있을지 몰라 주소를 알아낸 다음 가까운 공중전화로 여관에서 기다리는 ㄱ형사에게 우선 알려주었다. 그리고는 다시 朴의 가게로 돌아와 쓸데없는 장난을 해가며 아이들과 한참 놀고 있으려니까 朴의 처가 돌아왔다. 뚱뚱한 어떤 여자와 함께였다.

"아줌마! 아저씨도 없고 하니 내사 고향으로 내려갈라요. 차비하게 돈 있으면 만 원만 빌려주소."

朴의 처는 돈 가진 게 없다고 했다. 모르는 여자도 있고 해서 이 정도로 물러서기로 했다. 그날 오후 10시경 나는 김 검사가 준 보따리를 들고 다시 朴의 집으로 갔다 보따리를 朴의 처 앞에 슬그머니 밀어놓았다.

"이 보따리는 뭔교?"

"아저씨도 없이 아줌마 혼자 사는데 차비 얻어 쓰기가 미안해서 여관 옆방 손님 걸 슬쩍해왔수다."

朴의 처는 펄쩍 뛰었다. 한동안 서로 밀고 당기고 하다가 하룻밤만 보관시켜두었다가 다음날 찾아가기로 했다. 함정 수사를 위해서는 어떻게 하든지 보따리는 맡겨두어야 한다는 생각에 생떼를 써 억지로 맡긴 것이었다. 만약에 그녀가 신고를 하면 나는 절도죄로, 그녀는 장물 취득죄로 엮어 넣어 朴의 소재를 추궁할 계획이었다. 다음날 내가 다시 박의 집을 찾아가 몇 마디를 나누고 있으려니까 30대의 한 사나이가 가게로 들어섰다. 인상착의로 보아 朴은 아닌 듯했다. 그는 朴의 처와 반말로 이야기를 나누더니 대뜸 나에게 말을 걸어왔다.

"어이! 젊은 친구. 내가 BBS(Big Brothers and Sisters · 불우 청
소년을 지원하는 활동)에 넣어줄 테니 구두나 닦아보지 그래."

내가 싫다고 하자 그는 보따리를 받아들고 나의 허리띠를 움
켜쥐더니 지나가는 택시를 불러 태웠다. 알고 보니 그는 대구
동부경찰서의 형사였다. 경찰서에서 그는 나를 꿇어앉게 하더
니 발길질을 했다. 나는 오히려 빙글빙글 웃으며 주머니 속에
서 명함을 꺼내 집어던지면서 내뱉었다.

"여기 전화 좀 걸어주시오."

그 명함은 같이 온 부산시경 ㄱ형사의 것이었으며, 뒷면에는
"수사상 행동하는 사람이니 협조 바랍니다"는 글도 씌어 있었
다. 명함을 보더니 이 친구의 얼굴색이 노랗게 변하여갔다.

"형씨! 도대체 어떻게 된 거요?"

이제는 순서가 바뀌었다. 나는 책상을 쾅쾅 치며 소리를 질
렀다.

"당신 그 여자와 어떤 관계요? 가만히 보니 무슨 뒷거래가
있는 모양인데 당신 관직, 성명 적어주시오. 당신 때문에 수사
상 차질이 생기게 되었으니 우리 영감이 날 추궁하면 난 당신
한테 그 책임을 전가하겠소!"

생각지도 않던 역습을 당해 벌겋게 얼굴이 달아오른 형사를
계속 몰아붙이다가 그를 데리고 여관으로 갔다. ㄱ형사에게 대

강의 전말을 이야기하고 그 대구 형사를 소개시켜주었다. 대구 형사는 朴이 자기의 고모부라고 했다. 그의 고모는 친고모부가 죽고 난 뒤 큰 사업을 하고 있다는 朴에게 속아 재혼을 했는데 자신이 뒷조사를 해보았더니 전과 5범이더라는 것이었다. 그렇지만 둘 사이에 이미 애까지 생겨나 할 수 없이 여지껏 살고 있노라고 했다. 다행히 우리는 그를 통해 朴이 살고 있는 부산의 주소까지 확인한 다음 부산으로 되돌아왔다. 박영태의 집 주변에서 우리는 잠복을 계속했으나 朴은 집을 나가 어디를 쏘다니는지 나타나질 않았다.

정말로 무죄일까?

그러던 어느 날, 갑자기 '근하 군 유괴범 일망 타진'이라는 기사가 신문의 사회면을 가득 채웠다. 내가 알기로는 부산지검장의 승진발령 축하 선물로써 미궁에 빠진 근하 군 유괴 사건 해결을 계획보다 빨리 발표했다고 했다. 具 사범은 박영태도 못잡은 상황에서 너무 빨리 사건 해결을 발표했다고 투덜댔다. 物證(물증)이나 범인 조직 등 여러 가지 증거가 완전히 구비되지 않은 상태에서 그렇게 떠들썩하게 공개된 것이었다. 범인 체포가 알려진 후 대신동 근하 군 집 앞에서의 현장검증 때는 구경꾼들로 人山人海(인산인해)를 이루었는데 이때부터 나는 정대범을 묶은 포승을 잡고 따라다녔다.

　대구에서의 현장검증을 위해 대구역 플랫폼에 도착했을 때의 일이다. 정대범이 나에게 "야 덕수야, 내가 신호를 하면 포승줄을 늦추어다오. 기자 새끼들 카메라 몇 개 박살낼 테니까"고 소근대었다. 포승은 엮은 끝 부분을 풀어내면 4미터 가량 늘어날 수 있었다. 역에 내려서자 대기했던 기자들이 우르르 몰려들어 플래시를 터뜨리기 시작했다. 정대범이 손짓을 했다. 나는 슬쩍 포승을 늦추어주었다. 그와 동시에 대범이의 얼굴에 초점이 맞추어진 어느 사진기자의 카메라를 향해 2단 옆차기가 터져나갔다. '퍽' 하는 소리와 함께 나둥그러진 카메라를 힐끗 쳐다보며 정대범이 싱긋 웃어보였다.

　대구역에서 대구교도소로 향하는 현장검증 팀의 뒤로는 차량의 행렬이 꼬리를 물었다. 경찰 사이카를 선두로 구경 인파를 정리할 기동대 차량, 지프, 각 신문사의 깃발을 높이 매단 승용차, 방송국 차량 등 마치 카퍼레이드라도 벌이는 듯했다.

　"덕수야 임마! 너 우리 덕분에 출세했다. 언제 이렇게 칸보이(convoy)를 받아가며 드라이브를 해보겠나?"

　대범이가 나를 보고 이렇게 말했다. 얼마나 배짱이 세면 저럴까, 생을 포기한 상태면 저렇게 되는 걸까, 나는 도무지 이해가 가질 않았다.

최형욱과 김기철(김이수의 본명)은 시종일관 범행을 부인했다. 그러나 나는 그들을 믿지 않았다. 나는 김금식 및 정대범과 친해지면서 따로따로 범행 이야기를 들을 수 있었고 그 이야기는 서로가 일치하는 것이었다.

후에 나는 그들이 모두 대법원에서 무죄 판결을 받았다는 이야기를 들었다. 그 말을 듣는 순간 문득 김금식이 대구 역전의 어느 여관에 누워서 한 말이 떠올랐다.

"때에 따라 나는 사건을 180도 돌릴 수 있다. 나의 머리는 法典(법전)을 다 왼다."

정대범이 "아무래도 당신들은 범인이 아닌 것 같은데…" 하고 묻는 기자들에게 한 말도 떠올랐다.

"나는 이미 사형을 각오하고 있다. 이번 사건이 무죄가 되는 경우 두 번 다시 이런 사건이 안 나도록 내가 저들(최형욱과 김기철)을 죽이겠다. 그 자식들이 나를 이용해 요꼴로 만들었다."

김금식이나 정대범과는 이상한 인연으로 정이 들었다. 그들이 무죄 선고를 받고 나와 같은 하늘 아래서 산다는 것이 싫지는 않지만 나는 아직도 의문을 못 버리고 있다.

무죄 확정 소식을 들었을 때에는 내가 증인으로 못 나간 것이 한스럽기까지 했다. 김태현 검사가 김금식의 각본에 얽혔다는 것도 믿기지 않았다. 金 검사는 누구에게 속임을 당할 그런 인물이 아니었다. 남자답고, 무서우면서도 잔정이 많은 호탕한 집념의 인물이었다. 신문을 할 때의 그의 말투는 상대방의 허점과 폐부를 찌르는 섬뜩한 맛이 있었고 아랫사람들을 무섭게 다루면서도 농담도 곧잘 했으며 특히 범죄 세계의 俗語(속어)들을 잘 구사하여 '과연 명검사구나' 라는 인상이 아직도 남아 있다. 그 김 검사가 김금식의 함정에 빠졌다니! 나는 귀신에 홀린 기분이 들 뿐이었다. 이제 1982년 10월17일로 그 사건도 공소 시효가 끝난다니 언젠가 김금식과 대범이를 만나 막걸리 한잔 이라도 나누면서 옛날 얘기로 돌려야 할 그날의 진실을 알아보 아야겠다.

　금식형, 그리고 대범이, 만약 이 글을 읽거든 나에게 연락 한 번 주길 바라오.

나는 꼭두각시 춤을 추었다

드디어 찾은 정대범 씨

내가 정대범 씨의 사는 곳을 알게 된 것은 1982년 8월22일이었다. 서둘러 지급 전보를 쳤다.

"전화 요망."

전보배달원은 서울 강서구 신정2동 78의 2번지엔 수백 세대가 살고 있어 통반을 모르면 찾기가 매우 어렵다고 했다. 그러면서도 최선을 다해보겠다고 하더니 몇 시간 뒤 정대범 씨 주소지의 관할 통장에게 전보를 전했다는 연락이 왔다.

한 시간쯤 뒤 전화가 왔다. 정대범 씨의 어머니였다. "왜 대범이를 찾느냐!"고 따지는 것이었다. 나는 15년 전의 사진을 연상했다. 한복을 입고 아들이 선 법정에 나와 "이 사건은 조작이다"고 호통 치는 장면을 찍은 사진, 젊고 후덕한 인상의 중년부인이었는데 전화 목소리는 불안에 찬 할머니의 음성이었다. "대범 씨를 그저 잘 아는 사람이다"는 나의 말에 대범 씨

어머니는 "아들이 오면 전화를 걸도록 하겠다"고 하며 전화기를 놓았다.

이틀을 기다려도 소식이 없었다. 또 전보를 쳤다. 또 대범 씨 어머니의 전화가 왔다. "대범이는 오늘 막 강원도로 일하러 떠났는데 어디로 갔는지도 모르겠다"고 했다. 그러면서 강원도에서 편지가 오면 주소를 알아 나에게 연락해주겠다고 했다. 한 20분 뒤 이번엔 대범 씨의 부인이란 여자가 전화를 걸었다. 시어머니로부터 얘기를 전해들은 듯했다.

"왜 그러느냐?"고 불안스레 다그쳐 물어도 속 시원한 대답을 듣지 못하게 되자 당장 나를 찾아오겠다고 했다.

그날 오후 7시, 30대 아주머니가 조심스럽게 나의 사무실로 들어왔다. 대범 씨의 부인이었다. 전북 완주가 고향이라고 했다. 대범 씨가 군에서 제대한 직후인 1971년 1월에 결혼, 지금은 1남 2녀를 두고 있다고 했다. 대범 씨는 용접공으로 일하고 있는데 고정된 직장이 없고 하청업주를 따라 지방의 큰 공사장으로 자주 돌아다닌다고 했다.

근하 사건 때문에 대범 씨를 한번 만나보고 싶었다고 했더니 대범 씨의 아내 김부순 씨(당시 31세)는 안도하는 낯빛을 보였다. 김 씨는 다른 골치 아픈 문제로 내가 전화질을 한 게 아닌가 하고 걱정을 태산같이 한 모양이었다.

나는 '김기철 씨는 왜 요절했나?'가 실린 1981년 10월호 〈마당〉 한 권을 김 씨에게 주었다. 다음날 오후 대범 씨의 어머니 김성순 씨(당시 55세)가 다시 전화를 걸어왔다. "어제 며느리한테서 이야기를 들었고 지금 막 그 책의 기사를 다 읽었다"고 했다. 목소리에선 경계심이 사라져 있었고 "눈물이 나서 견딜 수 없었다"는 말소리는 떨리고 있었다. 그러면서 "언제 한번 놀러오라"고 했다. 이렇게 해서 나는 두 번 죽었다가 살아난 사나이의 집으로 초대장을 받은 것이었다.

스물한 살의 살인마 代役

정대범 씨는 이 해괴한 근하 사건의 드라마에서도 특이한 배역을 맡았었다. 그는 군 복무 중 체포돼 근하 군의 가슴에 칼을 꽂은 바로 그 살해 하수범으로 기소되었다. 그때 나이 스물한 살. 정 씨는 이 드라마의 우등생이었다. 현장검증에선 수사관들이 이래라저래라 시키기 전에 스스럼없이 범행(?)을 再演(재연)했다. "저런 뻔뻔한 놈들은 코를 꿰어 끌고 다녀야 한다"는 구경꾼들의 욕설을 가장 많이 듣기도 했다.

범행 再演을 거부하는 김기철 씨와 최형욱 씨에겐 "비겁하게 지금 와서 발뺌을 해!"라고 추궁을 하기도 했다. 그는 황덕수 씨의 手記(수기)에서처럼 기자들 앞에선 뉘우침 뒤의 정의감에 불타는 열변을 늘어놓았다.

鄭 씨는 재판이 시작되면서부터는 범행을 전부 부인하기 시작했다. 그래도 1심의 사형 선고를 면할 수는 없었다. 그는 군인이었으므로 군사 법정에서 분리 재판을 받았다. 2심 軍裁(군재)가 열리기 전 대구고법이 김기철 씨 등 민간인들에게 무죄를 선고, 정대범 씨도 같은 선고를 받을 것으로 기대되었다. 그러나 고등군법회의는 또다시 鄭 씨에게 사형을 선고했다. 똑같은 사건에 대해 민간 재판은 무죄, 군사 재판은 사형을 선고한 사례는 한국 재판사상 유례가 없는 일이었다. 대법원이 김기철 씨 등 민간인에게 無罪(무죄) 확정 판결을 내린 뒤에야 鄭 씨도 무죄 판결을 받을 수 있었다.

鄭 씨는 근하 사건 피고인들 중 가장 긴 1년 9개월 동안 옥살이를 했다. 그리고 다시 군에 복귀, 1971년 1월에 만기 제대를 했다. 옥살이 기간엔 진급이 없었기 때문에 일병으로 제대했다.

15년 만에 털어놓은 사연들

鄭 씨의 셋방과 鄭 씨의 어머니 집은 칼산이라고 불리는 신

정2동의 야트막한 야산 비탈에 있
었다. 이른바 불량 주택들이 다닥
다닥 성냥곽처럼 붙어 있는 마을,
간선도로에서 약 2킬로미터쯤 떨
어진 이 후진 마을의 주변엔 채
소, 과일밭이 있어 농촌 분위기까
지 풍기고 있었다.

나는 鄭 씨의 어머니를 찾아갔
다. 방 한 칸, 부엌 한 칸, 손바닥
만한 마루가 붙은 열평 남짓한 집
이었다. 사진을 통해 낯이 익은

과거의 망령과 싸우며 망치질을
하는 정대범 씨.

김성순 할머니는 내가 마루에 엉덩이를 붙이자마자 터진 봇물
처럼 이야기를 쏟아놓기 시작했다. 그동안 마땅한 말 상대가
없어 가슴에 쌓아두기만 했던 사연들을 줄줄 외듯 털어놓았다.
젊었을 때는 상당한 미모였음을 암시해주는 김 씨는 연방 기침
을 해대었다. 천식이라고 했다. "그 사건 때문에 심장도 약해
졌다. 자그만 일에도 가슴이 울렁울렁하며 자주 놀란다"고 했
다. 비탈을 오르내리면 숨이 차다는 김 씨는 허리가 벌써 굽어
있었다.

약 두 시간쯤 지나서 정대범 씨가 나타났다. "강원도에 갔

다"는 건 사실과 달랐다. 그의 얼굴도 나는 단박에 알아볼 수 있었다. 나는 근하 사건을 직접 취재한 적은 없다. 사진이나 기사를 통해 상상해본 鄭 씨의 인상은 유도와 합기도 유단자이며 '깡다구'가 있고 날렵한 청년이었다.

이날 내 앞에 등장한 서른여섯 살의 鄭 씨는 짓눌리고 찌든 인상을 주었다. 방금 일터에서 돌아온 탓만은 아니었다. 말투는 느릿느릿했다. 표현력이 약한 그는 꼬치꼬치 묻는 나의 질문 앞에서 자주 말머리를 잊었다. 키는 작지만 근육질의 대범 씨는 '비가 오는 걸 하루 전에 아는' 신경통 환자이기도 했다. 물론 그 책임은 수사와 옥살이에 있다고 했다.

"이렇게 털어놓고 이야기를 하는 건 그 사건 뒤 처음이다"고 鄭 씨는 말했다. 옆자리에서 鄭 씨의 어머니와 아내도 鄭 씨가 그처럼 속을 풀어놓은 게 신기한 듯 우리의 이야기에 숨을 죽이며 귀를 기울이고 있었다. 鄭 씨는 가끔 "그놈의 새끼들"이니 "개새끼!"하고 욕을 하곤 했지만 대체로 담담하게 15년 전을 회상했다.

鄭 씨의 세 아들딸과 이웃에 사는 鄭 씨의 동생까지 둘러앉아 평소엔 말이 없는 그의 긴 이야기를 듣고 있었다. 오후 11시까지 듣고 싶은 얘기를 거의 끌어낸 나는 사진 촬영 약속을 하고 물러났다.

사흘 뒤 사진 기자와 함께 鄭 씨를 다시 찾아갔다. 鄭 씨의 표정은 다시 굳어 있었다. 김성순씨가 말했다.

"선생님이 다녀가신 날 밤에는 나도 꼬박 뜬눈으로 밤을 새웠답니다. 새삼 가슴 속이 부글부글 끓어오르고 분통이 터지는 거예요. 대범이도 속에 들었던 것을 다 뱉어놓았으면 시원해야 할 텐데 되레 마음이 편하지 못한 것 같아요."

그래도 정대범 씨는 일터(철물공장)와 집에서 사진 촬영에 협조를 해주었다. 원래부터 남에게 싫은 소리를 못하는 사람 같았다. 요절한 김기철 씨와 비슷한 그런 순덕이, 그래서 이 세상에서는 희생물이 되기에 딱 알맞은 그런 사람 같아 보였다.

"제 일자리는 변변히 찾지 못하면서 남을 취직시키는 데는 선수"라고 아들을 평한 김성순 씨는, 그래서 아들을 따르는 동네 젊은이들이 많다고 했다. 대범 씨의 아내에 따르면 鄭 씨는 최근 여덟 달쯤 창원의 한국중공업(주) 공장에서 일을 했다고 한다.

그곳에서 무리한 지출을 하여 큰돈을 모아오지 못하게 되자 가족들 볼 면목이 없다고 집으로 돌아오지 않고 다른 지방의 일터로 떠나려고 해 남편을 어르고 달래어 歸家(귀가)시키는 데 애를 먹었다는 것이다.

우리들의 가상 재판

정 씨 집에서 사진을 찍은 다음날 나는 인천의 황덕수 씨를
서울로 올라오게 했다. 그날 오후 10시쯤 나와 황 씨는 정 씨
어머니 집으로 쳐들어갔다. 김성순 씨는 손녀를 보내 아들을
데려오게 했다. 10분쯤 뒤 반바지 차림의 대범 씨가 눈을 비비
며 슬리퍼를 끌면서 들어섰다. 대범 씨는 자고 있다가 나온 것
이었다.

"야, 오랜만이다."

黃 씨는 단번에 말을 놓으며 손을 내밀었다. 대범 씨도 그 손
을 받아 악수를 했지만 黃 씨를 잘 기억하지 못하는 듯했다.

우리는 그 집을 나와 비탈길 옆 구멍가게로 자리를 옮겼다.
맥주를 마시며 이야기보따리를 풀어재꼈다. 鄭 씨의 어머니도
걱정이 되는지 따라 내려왔다. 이야기는 꼬리에 꼬리를 물고
계속되었다. 黃 씨는 마치 피의자를 신문하는 검사처럼 鄭 씨
에게 날카로운 질문을 던졌다.

鄭 씨는 덤덤하게 설명을 해나갔다. 나도 黃 씨의 질문 사이
사이로 보충 질문을 했다. 정대범 씨는 두 사람의 집요한 질문
을 처리해야 할 입장이었다. 나는 문득 며칠 전에 보았던 연극
'신화 1900' 생각을 했다. 무죄 석방 뒤 정신병자가 된 김기창

을 치료하기 위해 의사와 작가가 정신병동에서 벌이는 가상 재판. 김기창은 자신이 겪었던 억지 수사와 재판을 다시 경험하도록 강요받는다. 사이코 드라마식 치료란 이름 아래서.

황 씨와 나는 정대범 씨에게 그 같은 '체험의 再生(재생)'을 요구하고 있었던 것이다. 밤 12시가 되자 가게 문을 닫아야 하게 되었다. 우리는 바깥으로 나와 가게 앞의 긴 나무 의자에 걸터앉아 이야기를 계속했다. 대범 씨 어머니는 길바닥에 쪼그리고 앉아 말참견을 했다. 어둠 속에서 모기들이 달려들었다. 드문드문 행인들이 지나치며 우리의 좌담 광경을 힐끔힐끔 바라보았다. 우리의 목소리가 높아지면 대범 씨 어머니는 '동네 사람들 잠 깨겠다' 고 말렸지만 대화에 열중한 세 사람은 들은 척만 할 뿐이었다.

때리고 어르고 달래고 술 먹이고 돈 주고

황덕수: 너는 어째서 근하 사건에 말려들었나?

정대범: 모든 게 구영근이한테서 비롯되었어. 난 고등학교 다닐 때 구영근이가 사범으로 있던 유도 도장에서 유도를 배웠어. 기골이 장대한 具 사범은 그때 6단이었지. 나는 그때 한창 실력이 오르고 있을 때였기 때문에 具 사범이 아니면 상대할

사람이 없었어. 그래서 저절로 친해졌는데, 그것이 그런 인연이 될 줄이야….

고등학교를 졸업한 무렵 우리는 동대신동에서 밀양으로 이사를 갔어. 나는 가끔 부산으로 내려와 친구들과 어울리면서 우리가 셋방살이하던 집에서 며칠 묵고 가기도 했지.

황덕수: 근하 사건으로 그 전에 조사받은 적이 있었나?

정대범: 한 번 있었지. 그때야 동대신동이나 영남극장 근방에서 좀 논다는 아이들치고 경찰에 안 붙들려간 사람 있었나? 밀양 집에서 서부경찰서에 연행돼 1주일쯤 뭇매만 맞고 나왔지. 형사들은 무조건 때리면서 '불어라', '불어라' 했지만 불게 있어야 불지. 형사들은 나 혼자 여관방에 자게 하고 다음날 아침에 경찰서로 오도록 하곤 했는데 나는 바보처럼 달아나지도 않고 시키는 대로 했어. 아침마다 얻어맞으려고 경찰서로 출근하는 거였지. 그런 바보스러운 정직 때문인지 무혐의로 풀려났고 얼마 안 있다가, 그러니까 1968년 3월에 논산훈련소에 입대했어.

황덕수: 훈련소에서 붙들려 왔지?

정대범: 훈련을 다 받고 부대 배속을 기다리고 있는데 헌병들이 오더니 나에게 수갑을 채우고 지프에 태우더군. 그 자리에서 구 사범을 보았어. 난 영문도 모르고 부산으로 끌려왔단

말이야.

황덕수: 나는 그때 널 만나러 논산으로 갈 뻔했어. 구 사범이 날 보고 이렇게 지시하는 거야. 논산훈련소에 들어가게 해줄 테니까, 거기서 대범이와 싸워 같이 영창에 들어가라. 함께 감방에 있으면서 대범이와 친해져 근하 사건에 대해 물어보라는 거였어. 그래서 입대 준비를 하고 있는데 너가 끌려왔더군.

조갑제: 그런데 왜 자백을 하게 되었죠?

정대범: 난, 말입니다. 모 수사기관에 먼저 끌려가 뭇매를 맞기 시작했어요. 한두 사람도 아니고 십여 명이 빙 둘러서서 날 쥐어 패는 거예요. 다른 사람이 고문 받는 현장도 보여줍디다. "너 저렇게 병신 되고 싶니?"하는 겁니다. 그래도 난 부인을 했지요. 그런데 웬 키가 큰 사나이가 들어오더니 날 보고 "군대에서 욕봤지"하면서 다정하게 대하지 않겠습니까? "당신 누구요?" 하니까 "자네, 날 모르나?"고 능청을 떱디다. 그게 바로 김금식이었답니다.

난 무엇이 어떻게 돌아가는지 정신을 차릴 수가 없었어요. 제가 사회 경험이 있습니까, 그렇다고 감방 경험이 있습니까. 철없는 어린아이와 마찬가지였죠. 훈련소를 갓 졸업한 때라 배는 오죽 고플 땝니까? 얻어맞고 배고프면 무섭고 이런 상황에서 구 사범이 어르고 달래는 거예요.

‘시키는 대로 하면 징역도 조금만 주겠다. 감방에서 군대생활하는 셈 치면 될 것이다. 그런 뒤에는 평생 잘 먹고 살 수 있도록 보장하겠다’ 이러는 거였습니다. 금식이도 옆에서 “내가 하는 대로, 내가 시키는 대로 하면 된다”고 한수 거들어줍디다.

그리고는 맥주를 먹이는 거예요. 그때 맥주 마시기가 그렇게 쉬웠나요. 맥주에, 좋은 음식에, 그리고 김태현 검사는 수시로 저에게 용돈을 주었지요. 헌병대 감방에 있으면서 내 호주머니에선 돈이 떨어진 적이 없었어요. 그렇게 날 위협하고 삶아놓고 술 먹여놓고, 그래서 나의 마음도 붕 떠있을 때 그들은 부산지검의 김 검사 사무실로 불러내 신문 조서를 받았습니다.

그것도 꼭 밤에, 잠이 퍼부을 때 말입니다. 난 무조건 예, 예, 했지요. 이렇게, 저렇게 된 게 아니냐고 물으면 예, 예, 너가 이렇게 하고 금식이가 저렇게 했지 하면, 예, 예, 그런 식이었어요. 또 예, 예만 하면 되는 식으로 묻습디다.

그때의 신문 조서를 보면 아시겠지만 저의 진술 내용은 앞뒤가 안 맞고 앞에 받은 것과 뒤에 받은 조서 내용이 틀려요. 그럴 수밖에 없는 것이 제가 근하 사건에 대해서 아는 것이라고는 신문 기사 읽은 정도인데 자백을 잘하려 해도 뭐 아는 게 있어야죠.

저는 꾸벅꾸벅 졸면서 신문에 응했어요. 나중엔 그것도 견딜 수 없어 수사관이나 검사에게 당신들이 적당히 써놓으면 나중에 내가 도장을 찍어줄 터이니 잠이나 좀 자자고 하면서 코를 곤 적도 있습니다. 그때는 모든 걸 포기한 상태였고 어서 빨리 그 자리에서 벗어났으면 하는 생각뿐이었죠. 수사는 처음부터 조작이었습니다.

조갑제: 검찰이 최형욱 씨와 김기철 씨를 붙들어와 대질시켰을 때도 당신은 저놈들이 살해 교사범임에 틀림없다고 찍었죠?

정대범: 기철 씨와 최 씨를 제가 어떻게 압니까? 검찰 측에서 미리 암시를 주면서 아는 척하라고 해서 그런 거지요? 난 그때는 一流(일류) 꼭두각시였으니까요. 한번은 근하 살해범을 당시에 검문했다가 놓친 적이 있는 백 순경이 검사실에 불려와 대면한 적이 있었어요. 김 검사가 나를 가리키며 저 사람을 알겠느냐고 하니까 백 순경은 고개를 갸우뚱거립디다. 그러니까 김 검사가 고함을 빽 지르면서 "그래 가지고 어떻게 순경질 해먹느냐?"고 호통을 치는 거예요. 그렇게 되면 무슨 답이 나올지는 뻔한 것 아닙니까?

조갑제: 검은 야광시계를 범행 때 찼다고 진술했는데….

정대범: 난 검은 야광시계를 본 적도 없어요.

조갑제: 범행 때 입었다는 옷은?

정대범: 그 옷에서 피 흔적이 발견 안 된다고 신문하는 거예요. 그래서 모든 걸 쉽게 풀어가는 게 좋겠다 싶어 범행을 저지른 뒤 피 묻은 옷을 버렸다고 했지요.

김성순: 검찰에서 말한 그 옷은 대범이 옷이 아니라 대범이 동생 옷이었다구요. 밀양 집에 구 사범이 와서는 신분을 사칭하고 하는 말이, 대범이가 군 수사기관에 배속되었는데 私服(사복) 근무이기 때문에 사복을 한 벌 갖다 주어야겠다는 겁니다. 그래서 동생이 입고 있던 옷을 벗겨 건네준 것인데 대범이가 범행 때 입은 걸로 둔갑을 했습니다.

정대범: 그때 검사실에 불려 가면 다른 피의자들과 함께 만날 때가 종종 있었습니다. 그러면 崔 씨와 기철이 등 다른 피의자들은 "너가 날 어떻게 아느냐?"고 우리를 보고 삿대질을 하곤 했지요.

그러면 나는 금식이보고 "넌 나를 어떻게 아느냐? 나이 차이가 열 살이 넘는데 우리가 언제 어떻게 알았느냐?"고 새삼 원망을 하기도 했지요. 그러면 금식이는 나에게 "이게 모두 쇼다. 감방에서 편하게 지내기나 하자"고 말합디다. 나중에는 얼굴을 맞보고 웃었어요.

예행연습 뒤에 한 현장검증

황덕수: 그래도 난 이해할 수 없는 게 많아. 넌 그때 이런 말을 했지. 금식이와 기철이 저놈들이 범행이 성공한 뒤에는 나까지 죽여 바다에 던져 넣고 완전범죄를 꾀하려 했다고. 그러면서 화를 냈지? 그리고 금식이와 너의 얘기를 따로따로 들어보면 일치했어. 더구나 면회 온 애인에게는 "아이를 죽였지만 덕분에 간첩 큰놈을 잡게 되었다"고 자랑도 하고.

정대범: 난 지금 잘 기억은 안 나는데 그랬을지도 모르지. 김금식이와 내가 한 말은 일치할 수밖에 없었어. 신문은 따로 받았지만 구 사범이 중간에서 연락병처럼 이쪽, 저쪽으로 귀띔을 해주었거든. 금식이는 이래 저래 했다고 말하는데 넌 그렇게 하지 않았니, 이렇게 묻는 거야. 그러면 나는 아, 각본이 그런 방향으로 가고 있구나 하고 그랬었다고 시인했지. 모든 게 그렇게 맞추어져간 거야.

난 구 사범이 시키는 대로 手記(수기)도 썼어. 근하 사건의 경위와 참회하는 내용의 수기였어. 그것도 대부분 구 씨가 코치해주는 대로 따라 썼지.

김성순: 수기 쓸 때 내가 헌병대로 면회 간 적이 있어요. 아무나 가면 면회를 안 시켜준다고 해서 구 사범과 함께 갔지요.

구 사범이 대범이를 면회실로 불러냈어요. 난 그때만 해도 대범이가 살인을 정말 한 줄로 알았지요. 신문에 그렇게 크게 났는데 안 믿을 도리가 있나요? 면회실에서 구 씨가 대범이 보고 "오늘 좀 썼나?"고 합디다. "오늘은 몸이 아파서 못 쓰겠다"고 저놈이 히죽히죽 웃으며 대답하니까 구 씨는 "오늘 약 사 넣어 주고 갈께"라고 다정하게 이야기하는 거예요.

나는 그 꼴을 보고 있자니 속이 뒤틀려서 고함을 꽥 질렀습니다.

"야, 이 새끼야! 운전사가 개를 치어 죽여도 종일 기분이 나쁜데 넌 사람 죽여 놓고 뭐가 좋아 웃고 자빠졌냐!"

그러니까 저 녀석이 퉁명스럽게 불쑥 "내가 왜 사람을 죽였어요!"라고 해요. 구 사범의 얼굴빛이 단박에 달라집디다. "너 이제 와서 그러면 되나"고 중얼거리면서 "대범이가 아직 의리를 못 버려, 참 어리석긴⋯"하고 말합디다. 그때서야 난 뭔가 이상하다는 걸 눈치 챘지요.

정대범: 김태현 검사실의 방 모 서기는 어느 날 나에게 충고도 합디다.

"아무래도 너희들이 이상한데, 한 그대로 불어야 된다."

황덕수: 또 의문이 있어. 현장검증 때 나는 너를 묶은 포승을 잡고 다녔는데 너가 범행을 저지르지 않았더라면 어떻게 그처

럼 잘할 수 있었어?

　정대범: 야, 우리는 하루 전에 예행연습을 하고 나갔단 말야. 현장검증 자리의 略圖(약도)까지 구경해가며 한 동작, 한 동작까지 그들로부터 이야기를 들었어. 넌 낮에 바깥에서 일어난 일만 보았지 밤에 검사실이나 감방에서 무슨 짓을 했는지는 모르잖아?

　조갑제: 그러면 현장검증에서 근하를 뒤에서 왼손 칼로 찌르라고 시킨 것도 그들입니까?

　정대범: 그건 기억이 잘 나지 않지만 저는 무조건 시키는 대로 했으니까요. 그리고 난 짝빼이(왼손잡이) 아닙니까? 나중에 보니 왼손으로 찌르면 剖檢(부검)에 나타난 그런 상처가 안 난다고 해서 無罪(무죄) 판결의 자료가 되었습니다만 난 시키는 대로 했고 그것이 틀렸다는 얘기도 못 들었으니까…. 저들도 워낙 조작에 신경을 쓰다가 보니 剖檢 결과를 잊어먹고 있었겠죠.

　조갑제: 사전 연습을 했는데도 왜 대구의 현장검증에서는 범행 모의를 했다는 부엉이집까지의 길을 몰라 엉뚱한 방향으로 갔지요?

　정대범: 아무리 사전 교육을 받아도 내가 한 일이 아닌데 제대로 됩니까? 현장검증에서 실수한 게 어디 그 하나뿐입니까?

박영태 씨 집을 못 찾아 머뭇거리면 옆에서 구 사범이 슬쩍슬쩍 코치를 해주었고 모의했다는 방이나 그곳에서 내가 앉았다는 자리를 잘못 짚으면 구영근이가 옆에서 친절하게 바로 잡아주었습니다. 전 현장검증이 모두 우습기만 했습니다. 완전한 연극이었어요. 내가 서둘러 연기를 잘해 보인 것도 그런 고역을 빨리빨리 끝내고 싶은 마음에서였지요.

어머니의 욕설 듣고 정신 차려

조갑제: 모친은 어떻게 대처하셨습니까?

김성순: 변호사(이영호)를 선임했는데 변호사 말씀이 "지금은 대범이가 푹 삶기어 있으니까 아무 소용이 없다. 공판이 시작되면 그때부터 깨고 들어가겠다"고 합디다. 나는 具 사범의 약점을 잡으려고 일부러 그를 만나 음식 대접, 술대접도 해주며 친해지려고 했지요. 한 번은 나한테 서울 출장비 5만원을 빌려달라고까지 합디다. 또 한 번은 해운대에서 돌부처를 하나 사준 적이 있었지요. 그 사실은 법정에서 폭로했습니다만. 첫 공판이 열리는 날 저는 미리 재판소 앞에 가서 기다렸습니다. 대범이가 출정하는 걸 보자마자 욕을 퍼부었지요.

"다른 사람은 사람 죽이고도 안 죽였다고 하는데 저 새끼는

안 죽이고도 죽였다고 한다. 네가 죽으려고 환장했냐! 야, 이
등신, 바보 새끼야!"

　조갑제: 그래서 그날부터 범행을 부인하기 시작한 겁니까?

　정대범: 그 전부터 생각이 달라지기 시작합디다. 감방 동료
들도 "너 죽을 짓을 왜 하느냐?"고 충고를 했고요. 나도 곰곰
생각해보니 이래선 안 되겠다는 계산이 생기기 시작했지요. 재
판 시작 전에는 변호사와는 만난 적도 없어요. 다만 具 사범은
변호사 말을 들으면 너는 죽게 된다고 겁을 주더군요. 그날 어
머니로부터 욕을 먹자 정신이 더 들었지요.

　김성순: 대범이가 1967년 10월17일 밤에 옆방에서 잤다고 알
리바이를 증언해준 사람도 있었어요. 우리가 밀양으로 이사 가
기 전에 살았던 집의 아주머니인데 이 아주머니는 그런 증언을
했다고 그날 검찰에 붙들려가 얼마나 혼이 났는지 압니까? 그
다음에 증인으로 나와선 앞의 증언을 번복합디다만 이해가 가
더군요.

눈물로 지새다가 숨진 할머니

　조갑제: 사형 선고를 받으니까 기분이 어땠어요?

　정대범: 아랫도리에서 힘이 쫙 빠지는 것 같았어요. 악이 받

쳐 고함을 질렀지요. 귀신이 되어서라도 너희들 뜯어먹겠다고.

김성순: 나도 '오냐, 3심까지 가자!' 고 응원 고함을 질렀지요.

조갑제: 군 형무소에 가셨겠군요.

정대범: 사형수들과 같은 감방을 썼습니다. 그들은 내 이야기를 들어보더니 "넌, 살아 나간다"면서 위로를 하더군요. 그 감방에는 안동의 극장 앞에 수류탄을 던져 많은 사람들을 죽게 한 신 모 하사, 그리고 두 동료를 죽이고 형무소에 들어왔다가 형무소 안에서 또 다른 사람을 죽인 오 모 씨도 있었는데 생을 포기해서 그런지 사람들이 그렇게 좋을 수가 없었어요.

신 하사는 변심한 애인이 면회를 오자 죽인다면서 쇠붙이까지 품고 간 사람인데 사형을 당하기 며칠 전에는 무슨 예감을 느꼈는지 비누 등 私物(사물)들을 우리에게 나눠주고 오락회를 열고는 노래를 실컷 부르는 거였습니다. 저는 2심에서도 사형선고를 받았지만 양심에 부끄러움이 없기에 마음은 편했고 誤判(오판)으로 죽을지 모른다는 불안은 별로 없었습니다.

김성순: 야, 너는 편했는지 모르지만 집안은 콩가루가 됐단 말이다. 대범이 외할머니와 저는 밀양에서 바로 이곳으로 이사를 해야 했습니다. 살인범의 가족이라는 눈총 때문에 도무지 바깥출입을 할 수가 없었어요. 그래서 야반도주하다시피 이곳

으로 달려왔지요.

그때는 지금 時勢(시세)로 200만 원짜리 집을 살 수 있는 돈은 갖고 있었지만 여기서 무허가 건물을 하나 짓고 남은 돈으로 대범이의 옥바라지를 하다가 다 날려 보냈습니다. 저는 블록을 이고 나르는 일을 하며 생계를 이어나갔습니다. 블록 한 개를 평지에서 언덕 위에까지 날라다 주면 1원을 받았지요. 육체노동의 경험이 없는 나는 두 개만 이고 걸어가도 땀이 비오듯 했는데 다섯 개까지 나르는 아주머니들도 있었죠. 그 아주머니들은 지금 모두 골병이 들어 비만 오면 온몸이 쑤신다고 야단입니다.

대범이 외할머니는 저를 대신해 어린 대범이를 키웠기 때문에 각별히 정이 들었어요. 대범이가 저렇게 되니 매일 울기만 하는 거예요. 그러다가 시름시름 앓더니 대범이가 무죄 확정 판결을 받은 며칠 뒤, 회갑을 몇 달 앞두고 돌아가셨습니다. 대범이 동생도 형이 저렇게 됐는데 나 혼자 살아 뭘 하느냐고 술만 퍼마시고…. 온 집안이 제정신이 아니었지요.

아들은 변호사로 키우고 싶다

이야기가 이쯤 나가고 있을 때 대범 씨의 아내 김부순 씨가

정대범 씨 가족.

아래쪽에서 올라왔다. 집에 돌아오니 남편이 없어 찾아나선 것이었다.

김부순 씨는 정대범 씨가 제대한 직후 결혼을 했다. 정 씨 집에 셋방을 얻어 살고 있던 처녀가 친구인 부순 씨를 소개해준 것이었다. 부순 씨는 대범 씨의 그런 과거를 전혀 모르고 결혼을 했다고 한다. 어느 날 방을 치우다가 남편이 보관하고 있던 근하 사건 관계 신문조각을 발견했다.

"앞이 캄캄해집디다. '이런 사람하고 결혼했다니' 하는 후회와 함께 앞으로 어떻게 하나 하는 절망감에 사로잡혔지요."

그날 며느리의 물음에 그제야 김성순 씨는 자초지종을 설명했다고 한다. 이야기를 듣고 보니 김부순 씨는 남편의 좌절이 오히려 이해가 되더라고 했다. 정대범 씨는 결혼 뒤 일자리를 잡기 위해 동분서주했다. 상업고교를 나온 그였지만 취직할 수 있는 특별한 재능을 갖고 있지 못했다. 더구나 '일병 제대'라는 이력이 그를 따라다녔다.

"이력서를 여러 군데 내었지요. 그때마다 '일병 제대'에서 걸렸습니다. 군에서 사고를 쳤겠지 하는 선입감을 갖는 것 같았습니다. 저는 그 사건을 회상하기가 싫어 일일이 변명할 마음도 내키지 않았습니다."

결혼 뒤 4년 동안 그는 방황했다. 공사판에 나가 막노동을 하다가 일이 없으면 술로 세월을 보내는 생활의 연속이었다. 문득문득 자신을 이 꼴로 만든 구영근 씨와 김태현 검사 생각이 나더라고 했다.

"참말이지, 그때는 차비가 없어 부산에 내려가지 못했습니다. 어머니가 차비를 안 주었어요. 이제는 정말 살인을 한번 하리라 이를 간 적도 한두 번이 아니었습니다."

대범 씨가 갑자기 흥분하여 말하니 김성순 씨가 옆에서 말린다.

"이제는 자식새끼 생각해서 살아야지. 복수는 하늘이 할 게다."

정대범 씨는 그 사건 뒤 스스로 생각해도 성격이 변했다고 한다. 낯선 사람들 만나기를 무섭게 생각한다. 친구들이 아니면 잘 어울리지도 않는다. 저 사람이 또 나에게 어떤 피해를 주지나 않을까 하는 생각부터 든다고 한다. 근하 사건에 휘말린 것도 구영근 씨와의 親面(친면) 때문이었고 누구를 안다는 것이 災難(재난)이 될 수 있음을 체험했기 때문이란 것이다. 바깥출입도 거의 하지 않는다. 쉴 때는 집안이나 마을을 떠나지 않는다. 영화 보러 시내로 나가는 일도 없다. 그런 '세상과의 뒤섞임'이 귀찮기만 하다는 것이다.

정대범 씨는 보증금 10만원, 월세 3만 원짜리의 단칸 셋방에서 살고 있었다.

"이 정도라도 마음잡고 살게 된 것은 저 아이 덕택이지요."

김성순 씨는 입버릇처럼 며느리를 칭찬해 마지않았다. 정 씨의 아내는 장난감 행상을 하는 듯 했다. 손가방에 작은 장난감이나 인형들을 들고 나가 호텔 주위에서 외국 관광객들에게 파는 일이다. 김부순 씨는 해맑은 인상의 얌전한 30대 초반 아주머니지만 구영근 씨나 김태현 씨 얘기가 나오면 거침없이 극한적인 낱말을 내뱉곤 했다.

"저의 소원이 있다면 막내아들을 변호사로 키우는 것입니다. 그래서 약하고 불쌍한 사람을 많이 구해주는 거예요."

이렇게 말하는 김부순 씨는 둘째딸이 왼손잡이라며 웃었다.

정대범 씨는 언론에 의해 '손이 고운, 왼손잡이의 冷血(냉혈) 살인마'로 묘사되었고 그 '왼손잡이'로 해서 현장 검증의 모순점을 만들었고 무죄 판결을 받는 데 실마리를 제공했던 것이다.

정 씨는 10여 년 전부터 용접 기술을 배워 생계수단으로 삼고 있다. 큰 공장에 들어가야 고정 수입이 있을 텐데 정 씨 같은 고참은 봉급을 높게 책정해야 한다고 받아주길 꺼린다고 한다. 그래서 하청업자를 따라 부정기적인 작업을 하고 있는데 공치는 날이 잦다.

지금은 자동차의 앞 범퍼를 제작하여 납품하는 일을 하고 있다. 월수입은 30만 원쯤 되지만 곧 일감이 끊어질 형편이다.

정 씨는 황덕수 씨가 꼬치꼬치 캐물으니 너털웃음을 터뜨리며, "우리 이러지 말고 금식이, 구영근이, 김태현이까지 불러 텔레비전에 함께 나가자. 거기서 한판 벌이자"고 했다.

새벽 1시가 넘어서야 우리는 자리를 털고 일어났다. "이젠 집을 알았으니 자주 놀러오라"는 鄭 씨의 황덕수 씨에 대한 인사가 인사치레처럼 들리지는 않았다.

인천행 택시 안에서 내가 물었다.

"황덕수 씨는 지금도 정대범 씨를 의심합니까?"

황 씨는 고개를 가로로 저었다. 그러나 또 말꼬리를 달았다.

"대범이에 대한 의심은 풀렸습니다. 그 친구도 결국 금식이에게 당한 거군요. 그렇지만 금식이는 정말 무죄일까요? 그 사람은 판, 검사보다도 더 머리 회전이 빠른, 무서운 사람입니다. '이 사건은 내 멋대로 돌릴 수 있다'고 중얼거리던 그의 말이 아직 귀에 쟁쟁합니다.”

“김금식 씨가 이 재판극의 각본을 쓴 것은 맞아요. 그건 이미 다 알려져 있는 사실 아닙니까? 그렇지만 근하 군이 살해된 날 그는 대구교도소 안에 있었다는 사실 또한 분명해요. 그렇다면 김금식 씨는 범인일 순 없지요.”

“범인이 아니라 해도 범인에 대해서 무언가 알고는 있을지 모르지요. 公訴(공소)시효가 끝나기를 기다리는 사람은 바로 금식이가 아닐까요?”

"세상이 또 한 번 깜짝할 일이 있을 겁니다"

마지막에 웃었던 사람

김금식. 그는 진정한 勝者(승자)였다. 엎치락뒤치락한 근하 사건 수사 및 재판 과정에서 거의 모든 관련자들이 상처를 입었다. 억울한 옥살이를 한 여덟 명의 피고인들과 그 가족은 물론이고 김태현 검사를 비롯한 검찰 측 관계자들도 결국 평생 잊지 못할 패배를 경험하고 말았다. '유괴 수사의 베테랑' 이란 명성이나 이 사회의 엘리트란 권위는 고등학교도 졸업하지 못한 한 前科者(전과자)의 농락으로 크게 손상 받았다.

김금식 씨는 수많은 사람들의 상처와 패배를 딛고 홀로 그 폐허에서 온전하게 살아 돌아왔다. 그는 목적하던 바를 모두 성취했다. '감방 생활을 편하게 보내겠다' 는 첫째 목표는 무난히 달성되었다. 수사와 재판 과정을 통해 그는 복역수로는 꿈에도 꾸지 못할 술·음식·여자 접대를 받았으며 그 흔한 뺨 한 대도 맞지 않았고 출소할 때는 피둥피둥 살찐 건강한 모습이었

이 재판극의 주연배우였던 김금식 씨
는 항상 당당했다.

다. 그가 끌어들인 김기철 씨
가 廢人(폐인)이 되어 출소, 요
절한 것과는 너무나 선명한 대
조가 된다.

'법을 우롱하겠다'는 목적
도 적당히 성취되었다. 그는
경찰과 검찰, 그리고 대중매체
를 갖고 놀았다. 재판의 흐름
은 그의 말 한마디로 이리 갔
다, 저리 갔다 했다. 그를 뒤쫓
아 다니던 검사들은 막판에 가
서 그의 버림을 받았고 지워질

수 없는 불명예를 안게 되었다. 그렇게 해놓고서 김금식 씨는
또 다른 법의 구원을 받아 '영광의 탈출'을 했다. 저승의 문턱
까지 다가갔다가 다시 이승으로 돌아오는 그 아찔한 쾌감을 그
는 의식적으로 즐겼다.

1982년 9월2일 서울 신설동의 어느 술집에서 내가 만난 그
는 아직도 그 쾌감, 그 추억을 맛있게 곱씹고 있는 것 같았다.
그는 빙긋이 웃으며 "조 선생님은 누가 정말 이겼다고 생각하
십니까?"란 대답이 뻔한 질문으로 말문을 열었던 것이다.

외모에 있어서 마흔다섯 살의 그는 완숙한 중년신사의 경지에 올라와 있었다. 한 발자국, 한 발자국을 확인하듯 무겁게 떼어놓는 걸음걸이, 느릿느릿한 우렁찬 목소리, 180센티미터에 가까운 큰 키에 어울리는 단단하게 살찐 몸통, 예나 다름없이 짧게 깎은 머리카락, '부티' 나게 만드는 금테 안경… 한마디로 그는 늠름한 경상도 사나이였다.

"세상이 한 번 더 놀랄 일이…"

조갑제: 요즘 어떻게 지내십니까? 퍽 안정된 생활을 하고 계시는 것 같은데….

김금식: 밥은 먹고 살지요. 어머님도 모시고 아이도 기르며 그럭저럭 살고 있지요. 작은 가게도 하나 갖고요.

조갑제: 모친께서는 옛날에 재혼을 하셔서 김 선생과 같이 살지 않았던 걸로 아는데요.

김금식: 몇 해 전에 아버지(繼父·계부)가 돌아가셔서 제가 모시게 되었지요. 아이를 길러보니까 나도 생각이 많이 바뀌는 걸 느낍디다. 몇 년 전까지만 해도 이 사건을 다루었던 판사나 검사들이 어떻게 살아가나 하여 그들의 변화해가는 모습들을 일일이 지켜보곤 했지만 이젠 그러지 않아요. 그러니 제가 많

이 변한 것 아닙니까, 허허.

　조갑제: 그때 교도소를 나와서 택시 운전을 하셨지요? 그러다가 10여 년 전에 사고를 냈던가요?

　김금식: 예. 두 명이 죽고 한 명이 다쳤지요. 새벽이었지요. 부산 수영동에서 망미동으로 빠지는 간선도로상이었습니다. 전날 밤 술을 많이 마셔 만취 상태에 있었습니다. 좌회전을 하여 달리는데 퍽 하는 소리가 났습니다. 저는 본능적으로 번호를 감추기 위해 뒤쪽 라이트를 껐지요.그러면서 더 속력을 높여 지나치려고 액셀러레이터를 막 밟는 순간, 그때 속력은 시속 100킬로미터를 훨씬 넘었을 것입니다. "잡아라!"는 소리와 함께 저의 차 앞으로 두 사람이 뛰어들어 가로막고 나서는 것이 아니겠습니까.

　그때는 브레이크를 밟을 시간도 없었어요. 그대로 들이받았지요. 두 사람이 하늘로 붕 퉁겨 올라갔다가 아스팔트에 떨어졌지요. 차를 세우고 내려가 보니 맨 먼저 받쳤던 사람은 경상이고 뒤에 받친 두 사람 중 하나는 이미 숨이 끊어졌고 다른 한 사람은 머리가 깨어져 죽어가고 있더군요. 초소 근무를 마치고 돌아가던 예비군들이었습니다.

　저는 그 길로 가까운 파출소에 가서는 신고를 하고 파출소 대나무 의자에 누워 자버렸습니다. 오전 9시까지 푹 잠이 들었죠. 모든 걸 포기하니 오히려 마음이 편해졌어요. 그 사고로 또 1년 남짓 교도소 생활을 했습니다.

조갑제: 그때도 서윤학 변호사 신세를 졌지요?

김금식: 그랬습니다.

조갑제: 음주 운전이라 實刑(실형)을 무겁게 받은 겁니까?

김금식: 저는 경찰에서 조사를 받을 때 논박을 잘해 음주 운전 부문의 적용을 받지 않았어요. 저는 주장했습니다. 술을 마신 것은 하루 전이었다. 사고를 낸 그날에 음주한 게 아니다. 하루 전에 마신 술의 기운이 남아 있었다고 해서 음주 운전으로 처벌한다면 하루 놀고 하루 일하는 운전사들은 평생 술 마시지 말란 소리 아닌가? 저는 법정에서도 당당히 맞섰습니다. 그들이 자살하려 했다고 주장했습니다.

조갑제: 자살이라니? 혼자도 아니고 셋이서 집단 자살을 해요?

김금식: 그 사람들은 6차선 넓은 길 위 비횡단로를 건너고 있었습니다. 받친 곳은 1차선이었습니다. 바로 옆에 횡단로가 있었습니다. 그렇다면 이 사람들은 죽으려고 뛰어든 것이 아닌가, 바로 자살 행위가 아닌가 하고 말했지요.

"재판장님, 생각해보십시오. 제가 택시를 몰고 인도로 뛰어들어 가로수를 받고 차를 부수었다면 누가 보상해 주겠습니까? 38선으로 갈려 그렇지 않아도 좁은 국토에 횡단로 내주고 인도, 차도까지 구별해놓은 게 무엇을 위한 겁니까?”

판사는 내 말이 맞기는 맞는 이야기인데 외국에선 그렇게 하지만 한국에서는 국회에서 그런 법을 안 만드는 한 어쩔 수 없다고 하더군요.

검사는 사람을 둘이나 죽게 하고도 뉘우침이 없는 저에게는 무거운 벌을 주고 싶으나 법에 형의 한도가 있는 게 안타깝다면서 法定(법정) 최고형인 금고 3년6개월을 때렸죠. 선고는 1년 6개월. 난 항소했으나 기각을 당했습니다.

부산교도소에서 대전교도소로 옮겨져 수감되어 있었는데 그곳에서 저 때문에 근하 사건에 연루되어 억울한 옥살이를 했던 여 교도관을 만났지요. 그분은 무죄 판결을 받고 복직, 주임으로 일하고 있었습니다. 나는 혹시 보복을 받지 않을까 걱정했는데 하루는 나를 부르더니 “어려운 일이 있으면 나에게 찾아오라”고 친절하게 대해주더군요.

조갑제: 근하 사건의 公訴(공소) 시효가 다 되었는데….

김금식: 며칠 전에 남산도서관에 가서 옛날 신문을 들추어보았죠. 혼자서 쿡쿡 웃었어요. 여직원이 뭐가 그렇게 우스우냐고 물어 “그런 일이 있다”고만 했습니다만….

조갑제: 새삼 그 사건을 되새기는 이유라도?

김금식: 있지요. 공소 시효가 끝나기를 기다리는 사람이 어딘가에 틀림없이 있을 겁니다. 나에게 이상한 편지를 계속하는 사람도 있고요. 공소시효가 끝나면 세상이 깜짝 놀랄 일이 한 번 더 일어날지 누가 압니까?

조갑제: 누군가가 '내가 범인이었다' 하고 튀어나와 소설 같은 手記(수기)라도 쓸지 모르겠지만, 글쎄 누가 그를 믿어줄까요? 지금은 진짜 범인이라 해도 자신이 범인임을 物證(물증)으로 입증해보일 방법이 없을 겁니다.

김금식: 그럴까요? 일단 기다려봅시다.

"나는 森 검사의 추리를 먼저 읽고 있었다"

조갑제: 이야기는 옛날로 돌아갑니다만, 김금식 씨는 정말로 법에 앙갚음하려고 그런 각본을 쓰게 된 겁니까?

김금식: 그렇습니다. 내가 그때 구속된 것은 정말 억울했습니다. 술집에서 싸웠는데 내가 더 많이 얻어터졌단 말입니다. 그런데도 나만 가해자로 되고 나의 진단서는 떼지도 못하게 하고…. 단지 전과자라는 걸 약점으로 하여 나에게 모든 책임을 뒤집어씌웠어요. 弱者(약자)만 조지는 이런 법을 한번 갖고 놀아보자고 한 겁니다.

조갑제: 당신이 쓴 假名(가명)의 투서, "근하 사건을 잘 아는 김금식이란 사람이 부산교도소에 있다"는 편지를 받은 서부경찰서에선 수사를 하다가 곧 손을 뗐는데 무슨 까닭이라도 있었습니까?

김금식: 그 投書(투서)를 받은 경찰서에서 형사들이 날 찾아왔어요. 나는 아무것도 모른다고 처음엔 딱 잡아뗐습니다. 그 다음번엔 형사들이 왔을 땐 일부러 머뭇머뭇했지요. 그러니까 형사는 웅변조의 설교를 합디다. 의리를 깨야 한다는 거죠. 어린아이를 죽이는 그런 놈은 이 사회의 公敵(공적)이다. 그런 놈에게 의리를 지킬 필요가 없다고 열변을 토합디다.

저는 고민하는 시늉을 하면서 다시 생각해보겠다고 했지요. 그런 큰 사건의 정보를 단숨에 얘기해버리면 노련한 형사들은 대번에 거짓말임을 눈치를 채거든요. 그래서 슬슬, 조금씩 정보를, 물론 엉터리 정보였습니다만, 흘렸습니다.

경찰에선 나의 정보대로 이리 뛰고 저리 뛰어보더니 내가 장난을 하고 있다는 걸 알았던 모양이에요. 어떤 형사가 오더니 "너, 이 새끼 이번엔 우리를 갖고 놀았는데 교도소에서 나오기만 해봐라, 다른 건으로 얽어 넣어 혼을 내주겠다"고 으름장을 놓습디다.

저는 이거 큰일 났다고 생각했습니다. 그래서 다른 꾀를 내었지요. 교도소의 어느 직원을 찾아갔습니다. 근하 사건의 범인들을 정말로 잘 알고 있는데 경찰엔 이야기하기가 싫다. 이왕이면 검사한테 불겠다고 했지요. 그 직원이 이 정보를 김태현 검사에게 가져다준 모양이에요. 그렇게 해서 金 검사와 인연을 갖게 된 것입니다.

조갑제: 그 유능한 김태현 검사가 김금식 씨의 각본에 얹혔다는 건 도저히 믿기지 않는 이야기인데 정말 김 선생 말만 믿고 그런 수사를 했을까요?

김금식: 얼마 동안은 틀림없이 믿었습니다. 나중엔 속은 걸 알았는지 모르지만 그때는 너무 늦었고요.

조갑제: 김 선생이 처음에는 근하 군 살해는 공산당원인 황 선생의 지령에 의한 것이라고 하여 수사가 對간첩작전 쪽으로 흘렀지요?

김금식: 간첩 지령설은 저만의 창작품은 아닙니다. 저는 왜 근하 군을 죽였느냐고 추궁 당했습니다. 말문이 막힙니다. 저는 대답할 수 없는 상황에서는 얼렁뚱땅 주워대지 않습니다. 묘안이 떠오를 때까지 말을 하지 않습니다.

살해의 이유를 지어내지 못해 고민하는데 구영근 씨가 근하 군의 가족관계를 이야기하는 거예요. 근하 아버지가 월남했다느니 어쩌고 합디다. 거기서 힌트를 얻어 공산당의 지령이라는

着想(착상)을 한 겁니다. 이 사건의 主犯(주범)이 부산 민락동 비석 앞에서 접선하여 이북으로 올라간다는 거짓 정보를 金 검사에게 주어 대대적인 작전까지 벌어지기도 했지요.

김 검사는 나의 말 한 마디에 7000명이 동원되었다고 합디다만 생각해보십시오, 간첩이 나 같은 사람한테 신고하고 월북하겠습니까? 나는 속으로 생각했습니다. 머리 좋은 검사도 별볼일 없구나 하고….

어쨌든 처음에는 제가 시키는 대로 수사를 합디다. 저는 삼화고무공장에 다니는 옛날 애인이 보고 싶었습니다. 그래서 이름과 나이, 고향만 대고 그런 여자가 이 사건과 관계있는 투로 이야기를 했지요. 다음날 새벽에 옛 애인이 남편과 함께 잡혀 왔더군요. 저는 그때는 야, 한국 검찰 수사 참 잘한다고 혀를 내둘렀습니다.

조갑제: 김기철 씨와 정대범 씨도 김 선생이 끌어들인 것 아닙니까?

김금식: 거기에 대해선 저도 할 말이 있습니다. 제가 근하 사건에 대해 아는 지식은 신문을 통한 것뿐입니다. 그걸 믿고 거짓말을 계속하니 막히는 데가 많아집디다.

저는 한영식과 정기영이란 두 가공인물을 나의 共犯(공범)으로 설정했습니다. 저는 정기영을 전경렬(가명)로 몰고 가려고 했습니다. 전경렬은 근하 살해 진범이라 하여 경찰에 붙들려갔다가 물증이 없어 며칠 뒤 풀려나지 않았습니까? 그래도 경찰에선 상당히 혐의점이 있는 것처럼 생각하고 미련을 버리지 못하고 있었거든요. 그래서 '정기영이 바로 전경렬이다' 고 연결시켜버리면 수사가 자연스럽게 진행될 것 같았지요.

그런데 구영근 씨가 오더니 난데없이 "정기영이 바로 대신동에서 노는 정대범이지?"라고 하는 게 아닙니까? 정대범을 저는 전혀 모르지만 저 사람들이 이름을 대는 것 보니 용의선상에 올라 있는 모양이라고 생각했습니다. 그렇다면 죽이 되든 밥이 되든 수사를 시켜보는 것도 괜찮겠다고 생각하고 고개를 끄덕인 거지요. 수사하다가 정말 범인을 잡으면 더 좋고, 여하튼 그렇게 생각하니 양심에 찔리는 것도 별로 없었습니다.

김기철이도 마찬가지였죠. 한영식이 내 친구라고 했더니 具 씨는 내 주변을 샅샅이 뒤진 모양이에요.

어느 날 "한영식이 바로 김기철이지?"라고 캐물어요. 저는 이번에도 기철이가 의심받을 점이 있는 모양이구나 싶어 그렇다고 해버렸죠.

具 씨는 金 검사와 저를 중계하는 역할을 했어요. 본인은 의식적으로는 그렇게 하지 않았는지 모르지만 저는 그를 잘 이용했습니다. 구 씨는 김 검사가 수사 방향을 이렇게 저렇게 추리

하고 있다고 두 사람 사이에 오고 간 이야기를 들려주곤 했습니다. 저는 그를 통해 김 검사의 추리 방향을 읽고 있었습니다. 그래서 자백도 그 추리 방향에 맞추어 조금씩 조금씩 하니까, 검사는 자기 추리가 기막히게 맞아 들어가는 것처럼 착각해서 더욱 깊게 제가 판 함정에 빠져든 모양이에요.

毒種이라 불렸던 김기철

조갑제: 기철 씨는 고문을 받아도 끝까지 부인했지요?

김금식: 그는 무서운 고문을 받았습니다. 저는 기철이가 고문 받는 걸 본 적이 있습니다만 저렇게 당하면 제 에미하고 붙어먹었지 하고 추궁해도 '그렇다'고 대답하겠구나 하는 생각이 들 정도였습니다.

기철이는 끝내 부인했는데 고문하던 수사관들도 저런 毒種(독종)은 처음이라고 혀를 내두릅디다. 그 때문에 기철이는 몸을 크게 다쳤고 출소 뒤 성불구가 됐다는 것도 충분히 이해를 하겠습니다.

조갑제: 구영근 씨는 김 검사가 시키는 일만 수행할 뿐 독자적으로 무엇을 할 수 있는 사람은 못 된다는 얘기가 있는데….

김금식: 그렇지 않습니다. 그는 만들어내는 데는 비상한 재

능을 갖고 있었습니다.

조갑제: 具 씨가 당신의 자백이 거짓말임을 깨닫게 된 것은 언제일까요?

김금식: 저는 나중에 허위 자백을 몽땅 취소시킬 수 있는 비장의 묘안을 하나 갖고 있었습니다. 제가 벌인 장난 판에서 스스로 탈출하여 조작극을 뒤집어엎을 때 이용하려는 무기였지요. 제가 근하 군 살해에 가담했다는 그날에 실은 대구교도소 안에서 복역 중이었지 않습니까? 이것만 있으면 아무리 내가 근하 살해 조직의 일원이라고 거짓말을 해도 마음만 먹으면 자백을 깨끗이 번복시킬 수가 있다고 믿고 있었습니다.

그런데 具 씨가 대구에 갔다 오더니 이 사실을 알아왔습니다. 어떻게 된 거냐고 나를 다그치는 거예요. 할 수 없이 저는 또 거짓말을 했습니다. 국가가 보장하는 알리바이를 얻기 위해 범행 당일에 불법 출소하여 일을 저지른 뒤 그 다음날에 들어갔다고 했습니다. 어떻게 불법 출소할 수 있었느냐고 하기에 추가 출정(재판 받으러 피고인이 교도소를 나가는 경우)하는 식으로 감방을 나와 교도소를 벗어났다고 거짓말을 했죠.

일이 묘하게 되려고 하니까 그랬는지 검찰이 대구교도소에 가서 조사를 했더니 그날 인원 점검표에 실제 출정 인원은 6명인데 7명으로 기록이 되어 있었습니다. 착오였지요. 이건 완전히 우연의 일치였는데 金 검사가 저의 말을 더욱 믿게 된 계기가 되었지요. 그래서 나의 불법 출소를 도왔다고 해서 교도소 직원 네 명이 구속됩니다.

이 시점에서 具 씨만은 제가 거짓말을 하고 있음을 알아차렸다고 봅니다. 그러나 그때는 이미 발을 뺄 수 없는 상황이라고 판단했을 것이고 이제부터는 사건을 만들어가는 수밖에 없다고 결심했던 것 같습니다.

조갑제: 김 검사는 언제부터 당신의 허위 자백을 눈치 챘을까요?

김금식: 확실히는 모르겠지만 박영태가 자수했을 때 확실히 알지 않았나 짐작합니다. 살해범 조직의 괴수라고 내가 말했던 그 인물이 '나는 무관하다' 면서 제 발로 기어들어왔으니까요. 그러나 김 검사도 그때는 이미 발을 뽑기가 어려운 상태가 아니었나 짐작합니다. 이미 범인 일당 체포 사실을 공표한 뒤였으니까요. 때가 너무 늦었어요.

조갑제: 박영태를 잡기 전에 서둘러 범인 체포 사실을 발표한 이유는?

김금식: 그때 검사장이 서울로 榮轉(영전)하게 되어 있었는데 그 영전 선물로 이 사건 해결을 발표한 것입니다. 그 며칠 전부터 김태현 검사는 나에게 "이왕 털어놓을 걸, 빨리 이야기 좀

하라"고 독촉을 여러 번 했으니까요.

"만들어재끼는 데는 도리가 없다니까요"

　조갑제: 그런데 검찰 측의 공소 사실을 뒷받침한 수많은 증인들은 또 어떻게 된 겁니까?

　김금식: 아까 말한 具 씨의 비상한 능력이 바로 그런 거지요. 徐 아무개란 증인이 있었습니다. 저는 그를 대구교도소 출소(1967년 11월) 뒤에 만났습니다. 그런데 검찰에서 그를 어떻게 다루었는지 모르지만 법정에 나와서는 저를 1967년 10월17일에 만나 술을 마셨다고 증언을 하는데야 어떻게 할 겁니까?

　기철이도 원래 알리바이가 성립되었다 말입니다. 근하 군이 피살된 그날 기철이는 검찰 기소장대로라면 대구에 있어야 하는데 부산 개금동의 버스 주차장에서 配車(배차) 일을 본 것이 배차기록에 분명히 나타나 있었고 식당에서 외상 식사를 하고 사인한 장부까지 있었습니다. 그런데 기철이의 동료 배차원은 검찰이 여러 번 족치니까 "그 배차 기록은 내가 대신 써 주었는지도 모르겠다"고 알쏭달쏭하게 이야기를 했어요.

　만사가 이런 식으로 증인을 만들어내는 데는 도리가 없는 거지요.

제가 범행에 쓴 노끈과 칼을 어디서 샀다고 거짓말하면 그걸 나에게 팔았다고 말하는 증인을 만들어내는 데야 못 말립니다.

범행을 저지른 다음날 새벽엔 대구 태평로의 어느 참새구이 집에서 잤다고 거짓말을 했더니 "김금식이와 함께 내가 그날 같이 잤다. 그날은 집세 주는 날이기 때문에 분명히 날짜를 기억한다"고 말하는 증인을 만들어 재끼는 데야 도리가 있습니까.

조갑제: 그러면 당신은 시나리오 작가이고 검찰은 그 엉성한 각본을 완벽한 것으로 만들어주었으며 具 씨는 무대장치와 배역을 설정한 셈이군요. 이 재판극은 금식 씨와 具 씨의 합작품이군요.

김금식: 具 씨가 사진을 책상 위에 여러 장 늘어놓고 나나 대범이 보고 이 가운데 용의자를 찍으라고 합디다. 우리야 뭘 알아야 찍지요. 그러면 먼저 구 씨가 암시를 줍니다. 여러 장의 사진 가운데 한 장을 가리키며 넌지시 이게 누구 누구 아닌가고 묻습니다. 그러면 우리는 '그 사람이 맞다' 고 맞장구를 치면 되는 겁니다.

조갑제: 교도소 안에서 상당히 편했지요.

김금식: 호화판이었지요. 官食(관식)을 먹은 기억이 별로 없군요. 점심이나 저녁은 김 검사가 주로 사주었고 검사가 감방에 까지 들어와 직접 나에게 담배를 건네주기까지 했지요. 검사와

술 마시고 검사실에서 낮잠을 자기도 했어요. 교도관이 따라붙으면 김 검사가 "내가 책임진다"면서 내보내고 나만 있게 했지요. 전용 私服(사복)도 있었습니다. 그걸 입고 몇 번 외박도 했고 여자와도 잠자리를 같이한 건 이미 다 아는 사실일 테고….

조갑제: 설마 공판 중에는 외박을 못했겠지요?

김금식: 했지요. 그건 나중에 이야기하지요.

"수사와 재판은 내가 좌지우지했지요"

조갑제: 1심 공판에서도 줄곧 범행 자백을 계속하다가 막바지에 가서 번복을 시작하는데 이런 심경 변화는 무엇 때문이었죠?

김금식: 그때 나는 김 검사와 흥정을 하고 있었습니다. 구형을 징역 7년 정도로 때려주고 형 확정 뒤에는 마산교도소로 옮겨 병보석을 받게 해줄 것을 김 검사에게 요구하고 그 약속으로 각서를 써달라고 졸랐습니다. 김 검사는 각서만은 써주지 않았습니다.

어느 날 저는 金 검사에게 협박 비슷한 말도 한 적이 있었습니다.

"나는 이미 당신의 도장과 잉크로 각서를 만들어두었다."

사실 그때는 그러려면 그럴 수가 있었지요. 김 검사는 나를 불러 사무실에 앉혀놓은 뒤 검찰청 앞 천수다방에 커피를 시켜놓고는 바깥으로 나가 버린 적이 몇 번 있었어요.

마음만 먹으면 책상 위의 도장과 잉크로 그런 각서를 얼마든지 날조할 수도 있었지요. 그런 협박을 한 며칠 뒤 내가 출정간 사이 내가 있던 감방을 누군가 샅샅이 뒤진 적이 있었는데 그 각서건 때문이었을 것입니다.

조갑제: 각서를 얻지 못하게 되자 번복을 한 겁니까?

김금식: 원래 계획도 그 선에서 방향전환을 하는 것이었습니다. 또 너무 많은 사람들이 나 혼자 때문에 고생을 하고 있다는 自責感(자책감)도 있었습니다. 거기에다가 계속 퇴짜를 맞으면서도 끈질기게 나를 찾아와 바른말 할 것을 간청한 서윤학 변호사의 집념에 감동했습니다.

조갑제: 불안하지 않았습니까? 자백을 번복해도 너무 깊게 들어가 빠져나올 수 없지 않을까 하는….

김금식: 저는 자신이 있었습니다. 범죄의 성립 여부는 모두 저 혼자에게 달려 있었고 그것도 교도소 1일 불법 출소라는 한 가지 사항에 바탕을 두고 있었습니다. 公判(공판)에서도 저의 진술 한 마디, 한 마디에 따라 재판의 흐름이 좌지우지되는 걸 똑똑히 느낄 수 있었습니다. 제 몸만 빼면 검사들이 와르르 무

너지게 되어 있었습니다.

　조갑제: 자백 번복 뒤에는 대우가 달라지지 않았습니까?

　김금식: 별로. 그 다음날인가 며칠 뒤엔가, 저는 김 검사에게 또 불려갔습니다. 그날의 장면을 저는 생생히 기억합니다. 김 검사가 저에게 담배를 피우라고 갑째로 던져줍디다. 피우려는데 따라온 교도관이 저의 손을 붙들었어요. 김 검사가 버럭 소리를 지릅디다.

　"금식이가 내 방에 와서 술 마시고 담배 피는 것 이제 알았나!"

　그날 밤 저는 김 검사를 따라 송도로 가서 술 대접, 여자 대접까지 받고 다음날 새벽에 돌아왔던 걸로 기억합니다.

　조갑제: 그래도 1심에선 사형 선고를 받았는데 예상했습니까?

　김금식: 김 검사가 그럽디다. "네가 아무리 그래도 사형 선고 받는다"고요. 사형 선고가 떨어지자 손가락으로 내 목을 자르는 흉내를 낸 것도 이미 그 정도는 각오했기 때문에 여유가 있었다는 증거지요.

　조갑제: 대구고법에 가서도 불안하지 않습디까?

　김금식: 전혀. 재판장도 같은 이름의 김태현 판사였는데 그는 단도직입적으로 묻더군요.

　"했나, 안했나? 어느 쪽인가, 분명히 대답하라."

저는 이렇게 답했죠.

"더 농락하고 싶지만 여기가 워낙 중요한 자리라 바른말 하겠습니다. 나는 안했습니다."

그러니 金 판사는 싱긋이 웃더군요.

조갑제: 기철 씨는 출소 뒤 만나본 적이 있습니까?

김금식: 몇 번 봤죠. 몸이 무척 말랐고 술을 많이 마십디다. 기철이가 다 죽어간다는 소식도 전해 들었으나 찾아갈 형편이 안 되더군요. 기철이에겐 정말 미안하게 생각하고 있습니다.

조갑제: 최근 윤 노파 피살 사건이나 여대생 피살 사건 수사를 보고 느낀 것은?

김금식: 저는 친구들과 내기를 했습니다. 범인이라고 발표된 사람들 모두가 무죄 된다고 나는 걸었고 두 번 다 술 얻어먹었습니다. 옛날이나 지금이나 별로 변한 게 없는 것 같아요. '또 만들어내는구나, 또 만들어내' 하고 중얼거릴 때가 한두 번이 아닙니다.

그는 세 시간 동안 아무런 고민 없이 이야기했다. 나이가 들었고 덩치는 컸지만 유쾌한 청소년 같은 인상이었다. 이상하게도, 김금식 씨로 인해 고통을 당한 사람들 이외에는 그에게 악감정을 품고 있는 사람이 별로 없다. 金 씨 때문에 고생을 했던 사람들도 具 씨나 김 검사에게 겨누는 만큼의 원한을 금식 씨에게 쏠지는 않는다.

소행을 보면 분명히 미워해야 마땅할 사람이고 어떤 면에선 검찰 측보다도 더한 원천적인 가해자인데도 그를 대해보면 惡童(악동)과 같은 장난기가 惡意(악의)를 중화시키고 있음을 본다.

많은 사람들이 심정적으로 김금식 씨를 惡人(악인)으로 못 박을 수 없게 하는 또 다른 이유는 그가 우롱하려고 했다는 그 법이 正義(정의)의 법이 아니었기 때문일 것이다. 당시의 취재 기자들 가운데서도 "금식이가 속 시원한 연극을 하기는 했다"고 고소해하는 이들도 더러 있다.

그가 농락한 법이 萬人(만인) 앞에서 평등한, 强者(강자)와 弱者(약자)를 가리지 않는, 법의 힘만큼 집행상의 절차도 중요하게 여기는 그런 법이었다면 김금식 씨는 결코 엘리트 검사를 이긴 소영웅의 대접을 받지는 않았을 것이다. 오히려 존엄한 규범을 욕되게 한 惡人으로 萬人의 저주를 받았을 것이다.

김금식 씨 같은 사람을 거리낌 없이 나무랄 수 있는 사회가 건강한 사회일 것이다. 김 씨를 마음껏 저주할 수 없게 하는 그 무엇이 있다면 그것은 국민의 양심에 책임이 있다기보다는 법의 적용과 법의 집행자에 더 큰 책임이 있을 것이다.

송강이나 임꺽정이나 김금식 같은 사람들이 귀여움 받는 사회는 뭔가 잘못되어 있는 사회임에 틀림이 없다.

양심과 확신과 집념이란 이름의 폭력

요절, 병신, 그리고 몰락

우리는 이제 하나의 결산표를 만들 수 있게 되었다. 정대범 씨와 김금식 씨를 찾아냄으로써 1967년 10월17일에서 1982년 10월17일 사이, 만 15년을 단위로 한 대차대조표를 만들 수 있게 되었다.

먼저 借邊(차변) 쪽에 선 사람들의 현주소를 보자. 김태현 씨는 검찰 요직을 두루 거친 뒤 부산지검장을 끝으로 1980년에 검찰을 떠나 지금은 변호사로 일하고 있다. 그는 홍조근정 훈장도 받았다. 적어도 그에게는 근하 사건 재판극에서의 패배가 큰 상처는 되지 않았음이 명백하다.

김 검사 팀의 다른 두 검사—정경식 씨는 1982년 10월 현재 현직 부장검사로 있으며 이원형 씨는 국회의원으로 있다.

전경렬 씨를 다루었던 당시 부산시경의 한일민 주임이나 천현준 주임은 경찰을 떠나 비교적 안정된 생활을 하고 있다.

貸邊(대변) 쪽에 선 사람들의 근황을 본다. 초대 '진범' 전경 렬 씨는 경찰에서 풀려난 뒤에도 고문의 후유증으로 정신병동 과 암자를 오가다 지금은 결혼해 부산에서 봉급생활자가 되어 있다. 지금도 약을 계속 먹고 있으며 정신이 온전치는 못하다.

김기철 씨는 출소 뒤 고문의 후유증으로 廢人(폐인)과 같은 생활을 하다가 1980년 3월, 42세의 총각으로 요절했다. 그의 어머니는 아들이 살인범으로 몰리자 충격을 받고 드러누웠다 가 무죄 확정을 몇 달 남겨두고 숨졌다. 기철 씨의 아버지는 아 들 때문에 입을 굳게 닫고 말없는 사람이 되어 혼자 살아가다 가 지난해 죽었다.

최형욱 씨는 출소 뒤에도 자신을 보는 이웃의 눈초리를 견디 지 못하고 대구, 서울로 옮겨 다니며 어려운 생활을 했다. 지금 은 서울 오류동에서 음식점을 열고 있으나 고문의 후유증으로 고생하고 있다.

정대범 씨는 失意(실의)를 딛고 용접공 생활을 하고 있으나 수사와 교도소 생활의 후유증으로 몸이 성치 못하다. 그의 어 머니는 그 사건으로 심장병을 얻었고 할머니는 쇼크를 받고 일 찍 죽었으며 집안 살림은 몰락했다.

김금식 씨는 큰 상처를 입지 않았으며 그럭저럭 살고 있다.

교도관 네 명은 無罪(무죄) 확정 뒤 모두 복직, 여광석 씨는 어느 교도소의 과장으로 지금도 일하고 있다. 교도관들이 다른 억울한 피고인들보다도 회복이 빨랐고 그렇게 큰 상처를 받지 않았던 것은 그들의 신분이 법의 보호를 받는 공무원이었기 때문일 것이다.

근하 군의 아버지 김용선 씨는 중풍으로 반신불수가 되어 말을 제대로 못하고 있다.

결국 경찰과 검찰의 무지막지한 수사는 세 사람의 생명을 일찍 앗아갔고 네 집안을 몰락시켰으며 다섯 사람에게는 아직도 치유되지 않은 후유증을 선사한 셈이다.

양심살인

근하 사건의 수사와 재판은 완벽한 드라마였다. 각본을 쓰고 스스로 주연까지 한 김금식 씨는 극적 요소로 충만한 법정 드라마를 만들어냈던 것이다.

어린이를 살해한 잔혹한 惡人이 있었다. 그를 뒤쫓는 집념의 형사와 머리 좋은 검사, 그들을 뒤쫓는 맹렬 기자들이 있었다. 검사의 수족같이 움직이면서도 자기 나름대로의 창작도 할 줄 아는 구영근 씨가 있었다. 김기철 씨와 같은 굳센 순덕이가 있었다. 꼭두각시가 되어버린 철없는 청년도 있었다. "공산당과 관련되었지?" 하니까 자기가 저지르지도 않은 죄를 술술 자백한 교도관도 있었다.

正義(정의)의 편에 선 변호사도 있었다. 그리고 이 모든 것을 연출한 김금식 씨가 있었다. 더구나 이 드라마의 勝者(승자)는 힘센 수사기관도, 지능지수가 높은 검사도 아니었다. 정규 교육도 제대로 받지 못한 한 前科者(전과자)가 최후의 勝者였다. 그것은 또 역전승이었다. 이 드라마는 법정에서 무죄 확정 판결이 떨어진 것으로 끝나지도 않았다.

이 사회의 의혹에 찬 눈초리에 짓눌려 으깨어져버린 김기철 씨의 비극이 있었다. 그것과 싸워가며 벅찬 삶을 지탱하고 있는 정대범 씨와 전경렬 씨의 휴먼 드라마가 있다.

이 드라마는 지금도 끝난 것이 아닐지 모른다. 김금식 씨의 말대로 공소시효가 완성된 뒤 세상이 깜짝 놀랄 일이 한 번 더 일어날지 모른다. 그렇다면 근하 사건은 클라이맥스를 남겨놓은 미완성 드라마인가?

이런 완벽한 드라마를 다시 연극으로 만들어 상연한다는 것은 무리한 작업일 것 같았다. 실제 사건이 어떤 연극보다도 더 극적이었을 때 연극은 필요 없다는 점에 귀착하기 때문이다.

윤대성 씨가 각본을 쓴 '신화 1900'(실험극장 공연, 김동훈 연출)은 이런 부담을 안고 대한민국 연극제의 무대에 올랐다. 소재를 제공한 사람의 의무감으로서 나는 연극을 보았다.

정신병동 안의 사이코 드라마, 곧 '劇中劇(극중극)'의 형식을 빈 이 연극은 군더더기 없이 깔끔하게 진행되어가는 듯했다. 줄거리는 다 아는 것이었으므로 나는 무대와 관중들의 호흡이 어떻게 맞아떨어지는가에 더 관심이 많았다. 문예회관 극장의 상하층을 꽉 메운 관객들은 대체로 연출가의 의도대로 감정 반응을 나타내고 있었다.

막판에 가서 김기창(김기철이 모델)에게 무죄가 선고될 때는 관객석에서 줄곧 유지되던 긴장감이 勸善懲惡(권선징악)의 당위성을 재확인하는 형식으로 스르르 풀어지고 있었다. 이때 무대에서는 작가와 의사가 사이코 드라마식의 재판극이 가져온 치료 효과를 자화자찬들 하고 있다. 그 자리에 남자 간호원이 와서 묻는다.

"김기창의 시체를 어떻게 처리할까요?"

의사는 김기창이 자살한 것으로 알아듣고는 "왜 혼자 내버려두었어?"라면서 남자 간호원을 질책한다.

목을 맨 김기창의 시체 그림자가 무대의 벽에 나타난다. 그 아래서 남자 간호원은 열변을 토하기 시작한다.

"자살한 게 아닙니다. 제가 死刑(사형)을 집행했습니다. 김기창에게 내린 무죄 판결은 잘못되었어요. 그는 범인임에 틀림없

어요. 저는 양심을 걸고 선언합니다. 그는 살인범이에요. 살인
범은 죽여야 합니다."

마지막의 이 급격한 전환에 관객들은 어리둥절한 표정과 기
가 차다는 반응을 동시에 나타내고 있었다. 나는 이 終章(종장)
의 클라이맥스가 '신화 1900'을 르포 기사의 복제품이 아닌 하
나의 創作(창작)으로 승화시켰다고 믿고 있다. 르포 기사가 끝
나는 데서 예술로의 전환이 시작되었기 때문이다.

남자 간호원은 극중 재판극을 줄곧 지켜보면서 절로 하나의
확신에 도달한 것이었다. 정신병자들이 무죄라고 선고한 기창
을 그는 범인이라고 굳게 믿고 양심과 이름 아래서 처형한 것
이다.

이 남자 간호원은 많은 사람들을 상징하고 있다. 근하 사건
피고인들이 대법원에서 무죄 선고를 받자 "그래도 저들이 진범
이다"고 저주한 검사들은 남자 간호원과 같은 그런 양심과 확
신을 갖고 있었는지 모른다.

무죄 판결을 받고 나온 김기철 씨를 보고 '그래도 저 친구가
범인이 아닐까? 재판이 잘못된 게 아닐까? 증거가 없어 살아
난 게 아닐까?' 하고 고개를 갸우뚱한 우리 사회의 수많은 눈
들이 法定(법정)이 살려준 기철 씨를 12년간의 고문 끝에 처형
해버린 것이 아닐까? 物證(물증)은 없지만 기자의 양심과 확신

에 따라 전경렬 씨를 진범이라고 보도한 언론이 또한 남자 간호원과 같은 시각을 가지고 있었던 것이 아닐까?

더 확대해서 보면 양심과 확신과 집념이란 이름 아래서 얼마나 많은 무고한 생명이 죽어갔던가?

중세의 종교재판에서 로베스피에르, 히틀러에 이르기까지 양심과 확신 없이 칼을 뽑았던 인물이 있기나 했던가? 기철 씨를 죽게 한 것도 양심과 확신과 집념이 아니었던가? 집념이란 무엇인가? 양심과 확신이 행동으로 나타난 것이다. 김태현 검사는 흔히 집념의 화신이라고 일컬어졌다. 그 결과는?

진실이란 무엇인가?

황덕수 씨의 출현은 나에게 쇼크였다. 그는 감히 '그들은 무고한 희생물이었다'는 나의 생각을 돌려놓으려 했다. 그의 설득에 흔들려 '혹시 내가 잘못 판단한 게 아닌가?' 하는 마음이 생길 때도 있었다. 정대범 씨와 김금식 씨를 기어코 찾아내야겠다고 생각한 데는 이런 나의 의문을 풀어야겠다는 계산도 있었다.

다행히 황 씨는 정 씨를 만나 의구심을 풀었고 나는 김금식 씨를 만나 이 조작극에 대한 지식을 더욱 넓힐 수 있었다. 그러나 모든 사람들이 황 씨나 나처럼 의문을 풀 수는 없는 노릇이다. 그런 대다수의 사람들에게 진실을 입증해 보인다는 것은 얼마나 어려운 일인가?

김기철 씨는 비록 無罪(무죄) 판결을 받았지만 대다수의 사람들에게 자신의 진실(결백)을 입증하는 데서는 실패했고 그래서 격리 칩거 생활에 들어간 것이 아닐까? 이 세상에선 진실이란 말이 난무하고 있다. 그러나 진실이란 정말 무엇인가? 객관적으로 입증되는 것만이 진실일 것이다. 그런 진실이라야 主觀(주관)을 떠나 이 사회에서 유통되는 진실이 될 수 있는 것이다.

김기철 씨의 죽음은 법정의 진실(무죄 판결)과 사회의 진실(결벽 입증)은 별개라는 사실을 보여주었다. 1981년에 쓴 기사의 제목을 '하느님은 아신다, 그러나 기다리신다'고 붙인 것도 진실의 인식에 대한 세상 사람들의 한계 능력을 가리키고자 한 것이었다. 진실을 말하기는 쉽지만 이 세상에서 그걸 얻기란 얼마나 어려운가?

우리는 언제까지 神話시대에 살아야 하나?

칼과 저울로 상징되는 법은 어차피 폭력이다. 그러나 저울이 있기에 그것은 형평의 원칙이 적용되는, 그래서 正義의 칼, 正

義의 힘, 곧 正義의 폭력이다. 폭력의 행사를 규제하고 정당화하는 이 저울, 곧 형평과 절차가 빠져 달아난 법은 이미 법이 아니다. 파괴력을 가진 힘 그 자체, 곧 폭력일 뿐이다.

검찰이 김기철 씨 등에게 적용한 힘이 어떤 종류의 법이었는지는 自明(자명)하다. 구영근 씨나 황덕수 씨 같은 민간인이 검사의 후광을 믿고 수사를 했다. 검사는 필요할 땐 언제든지 누구라도 잡아넣을 수 있음을 최형욱 씨나 김기철 씨의 경우에서 입증했다. 증인과 物證(물증)도 필요할 때 얼마든지 '만들어재낄' 수 있음을 보여주었다. 고문은 자백을 받아내는 가장 손쉬운 수단으로 쓰였고 자백을 거부한 사람은 평생 동안의 후유증으로 보상받았다.

형사소송법은 철저하게 무시되었다. 절차가 무시되는 법은 협박과 공갈과 어떻게 다른가? 이 사건에 무고하게 연루되었던 정대범 씨 등의 피고인들과 그 가족은 그 쓰라린 체험에서 법과 言論(언론)을 불신하는 지혜를 터득했다.

윤 노파, 박상은 양 피살 사건 등 최근에 문제가 된 강력사건의 수사 결과를 그들은 처음부터 냉소적으로 받아들인 점에서 공통성을 갖고 있었다. 경찰서에서 하룻밤이라도 자고 나온 사람이 그 다음부터는 경찰을 보는 새로운 눈을 갖게 되는 것과 같은 현상이리라.

이 재판극에서 가해자 역할을 맡았던 사람들은 그 뒤에도 거의 잘 되었고 피해자 역할을 떠맡았던 사람들은 지금까지도 주눅이 든 생활을 하고 있다. 그들 피해자들 중 어느 누구도 개인적인 복수를 시도하지 않았다는 것은 이 사건의 잔혹성과 조작성에 비추어 하나의 기적이며 그것은 그들의 유순한 성품을 엿보게 하는 자료이기도 하다.

아마도 피해자들이 그런 모욕과 고통을 검사나 법이란 제도가 아니라 깡패나 친구로부터 직접 당했다면 거기엔 보복이 있었을 것이다. '무슨 유감이 있어서 그런 게 아니라 범인을 잡으려다가 보니…' 라는 이해심과 상대가 법이란 막강한 힘의 보호막 뒤에 있는 사람들이란 두려움이 그런 개인적 보복을 불가능하게 했을 것이다.

운명의 날, 1982년 10월17일이 오면 근하 사건은 神話(신화)가 될 것이다. 그러나 우리는 21세기로 향하는 이 시대에 아직도 '자백이 증거의 여왕' 이던 시절의 神話가 化石(화석)이 되지 않고 살아 꿈틀거리고 있음을 본다. 우리는 언제까지 이런 神話시대를 호흡해야 할 것인가? 이 글은 그런 의문부호로 쓴 것이다.

김기철 氏는 왜 요절했나?

펴낸이 | 趙甲濟
펴낸곳 | 조갑제닷컴(chogabje.com)
초판1쇄 발행 | 2011년 10월7일
주소 | 서울 종로구 내수동 75 용비어천가 1423호

전화 (02)722-9411~3
팩스 (02)722-9414

등록번호 | 제300-2005-202호
ISBN 978-89-92421-74-4

값 10,000원

＊파손된 책은 교환해 드립니다.